研究阐释党的二十大精神丛书

上海市哲学社会科学规划办公室
上海市习近平新时代中国特色社会主义思想研究中心 编

先手棋：
长三角一体化
发展示范区的探索实践

鲁家峰 ⊙ 著

上海人民出版社

出版前言

　　党的二十大是在全党全国各族人民迈上全面建设社会主义现代化国家新征程、向第二个百年奋斗目标进军的关键时刻召开的一次十分重要的大会。这次大会系统总结了过去 5 年的工作和新时代 10 年的伟大变革，阐述了开辟马克思主义中国化时代化新境界、中国式现代化的中国特色和本质要求等重大问题，对全面建设社会主义现代化国家、全面推进中华民族伟大复兴进行了战略谋划，对统筹推进"五位一体"总体布局、协调推进"四个全面"战略布局作出了全面部署，在党和国家历史上具有重大而深远的意义。

　　为全面学习、全面把握、全面落实党的二十大精神，深刻揭示党的创新理论蕴含的理论逻辑、历史逻辑、实践逻辑，在中共上海市委宣传部的指导下，上海市哲学社会科学规划办公室以设立专项研究课题的形式，与上海市习近平新时代中国特色社会主义思想研究中心、上海市中国特色社会主义理论体系研究中心联合组织了"研究阐释党的二十大精神丛书"（以下简称丛书）的研究和撰写。丛书紧紧围绕强国建设、民族复兴这一主题，聚焦习近平新时代中国特色社会主义思想，聚焦新时代党中央治国理政的伟大实践，力求对党的创新理论进行学理性研究、系统性阐释，对党的二十大作出的重大战略举措进行理论概括和分析，对上海先行探索社会主义现代化的路径和规律、勇当中国式现代化的开路先锋进行理论总结和提炼，体现了全市理论工作者高度的思想自觉、政治自觉、理论自觉、历史自觉、行动自觉。丛书由上海人民出版社编辑出版。

丛书围绕党的二十大提出的新思想新观点新论断开展研究阐释，分领域涉及"第二个结合"实现之路、中国式现代化道路、五个必由之路、中国共产党的自我革命、斗争精神与本领养成、国家创新体系效能提升、中国特色世界水平的现代教育探索、人民城市规划建设治理、超大城市全过程人民民主发展、数字空间安全、长三角一体化发展示范区等内容，既有宏观思考，也有中观分析；既有理论阐述，也有对策研究；既有现实视野，也有前瞻思维。可以说，丛书为学习贯彻习近平新时代中国特色社会主义思想和党的二十大精神提供了坚实的学理支撑。

丛书的问世，离不开中共上海市委常委、宣传部部长、上海市习近平新时代中国特色社会主义思想研究中心主任、上海市中国特色社会主义理论体系研究中心主任赵嘉鸣的关心和支持，离不开市委宣传部副部长、上海市习近平新时代中国特色社会主义思想研究中心常务副主任、上海市中国特色社会主义理论体系研究中心常务副主任潘敏的具体指导。上海市哲学社会科学规划办公室李安方、吴净、王云飞、徐逸伦，市委宣传部理论处陈殷华、俞厚未、姚东、柳相宇，上海市习近平新时代中国特色社会主义思想研究中心叶柏荣等具体策划、组织；上海人民出版社编辑同志为丛书的出版付出了辛勤的劳动。

　　"全面建设社会主义现代化国家，是一项伟大而艰巨的事业，前途光明，任重道远。"希望丛书的问世，能够使广大读者加深对中华民族伟大复兴战略全局和世界百年未有之大变局、对中国共产党人更加艰巨的历史使命、对用新的伟大奋斗创造新的伟业的认识，能够坚定我们团结奋斗、开辟未来的信心。

目　录

序

　　2018年11月5日，习近平主席在首届中国国际进口博览会开幕式上作主旨演讲时宣布，支持长江三角洲区域一体化发展并上升为国家战略。2023年是全面贯彻落实党的二十大精神的开局之年，也是长三角一体化发展上升为重大国家战略五周年。五年来，我们认真贯彻实施中央关于长三角一体化发展的战略部署，紧扣"一体化"和"高质量"两个重点环节，以一系列的新思路新举措超越区域壁垒、提高政策协同，让各种要素在更大范围畅通流动，有利于发挥各地区比较优势，实现更合理的分工，凝聚更强大的合力，促进高质量发展。上海市委市政府明确提出：要紧紧围绕高质量发展这个现代化建设的首要任务，完整、准确、全面地贯彻新发展理念，服务构建新发展格局，汇聚各类主体，完善开发共享共治的创新平台，实现从形态开发向功能开发、制度创新的跃升，当好长三角一体化的先手棋和突破口。长三角生态绿色一体化发展示范区是多板块联动、多主体协同、多目标耦合的合作区域，需要引进创新理念、先进技术和最优模式。这里已彰显长三角生态绿色一体化发展（青吴嘉）示范区建设要担当"先手棋和突破口"任务的重要性与必要性。

为此，作为课题承担者——青吴嘉三地党校的理论工作者深感研究任务艰巨，自觉地"变压力为动力"，三地党校的领导和教师们团结协作、共同努力，全力以赴地投入研究工作。值得指出的是，研究成果呈现出一种内容的整体性和逻辑的连贯性，这本不是很厚的书稿对示范区制度创新进行了比较系统的观察、研究和思考。其案例的生动、清新也给读者以别开生面的观感。我与作者有过几次交谈，对他们的研究过程有更多的了解和理解，也为他们在研究中的做法和精神所感动。

一是"使命感"。本书作者确实有一种高度的使命感，这种使命感贯穿于整个研究过程中。首先是理论工作者的使命。他们在研究中注重坚持深入研究阐释习近平生态文明思想和党的二十大精神。示范区是贯彻新发展理念的典型案例，其探索历程、创新成果和生动场景都是在党的创新理论指导下的一种实践应答和立体展示。其次是理性观察者的使命。作为生活于示范区这片土地上的理性观察者，作者认为更好为示范区发展献策是一种当然使命。青吴嘉三地党校的领导和教师们自觉把示范区发展事业作为自己的事业，确定为科研要务，平时就对示范区给予很多关注，科研攻关时更是付出了诸多辛劳。再次是重任受托者的使命。课题承担者对上海市委宣传部和市哲学社会科学规划办给予的科研机会和学术信任倍加珍惜，始终保持不辱使命的信任自警和荣誉自觉，克服了一系列困难和挑战，谦虚谨慎、精益求精，最后高质量完成了课题研究任务。

二是"勤调研"。虽然书中也有很多精彩的理论探讨，但作者的主要用功之处显然在于调查研究，主要材料来自对青吴嘉示范区建设实践的调研。围绕制度创新这个示范区建设的核心内容，课题组走访了示范区执委会和青吴嘉三地的区域办、生态治理办、环保、水务、文旅和检察机关等许多单位，深入挖掘制度创新的智慧生成过程和典型应用场景。在此基础上，他们一方面对示范区在一体化制度创新组织、一体化生态治理制度体系、一体化绿色创新发展平台、一体化要素资源优化配置、一体化共同富裕进程等方面的制度创新绩效进行深入总结；另一方面也针对调查发现的实际问题提出了深刻的思考。比如，提出赋予示范区更大跨省域配置资源的主体资格和权力、赋予两省一市在示范区内的立法变通权、逐步做实执委会"充分协调权"、深化基础标准和工作制度跨省衔接、进一步释放制度创新成果效应、加强示范区与周边区域协调联动和设立权责匹配的管理机构等建议，都具有重要的实践参考价值。可以说，重视开展调查研究是本课题研究成果的一大特点，也是一大亮点。

三是"重合作"。课题能如期完成并保证有较高质量，一个重要条件是合作。（1）认真听取理论研究部门和专家学者的意见建议。在课题研究之初，研究者认真听取了理论研究部门和学术机构的指导意见，提高了政治站位，扩大了理论视野，从而增强了对研究要达到整体性、深刻性和系统性等要求的理解；在完成初稿后，又虚心征求相关专家的意见建议，使研究内容和叙述形式都更加完善。（2）密切与实际工作部门的合作。由于研究对象本身具有很强的实践性，研究者采取文献研究、蹲点调查、开座谈会、个别访谈、小型研讨会等多种形式，加强与职能部门和一线工作者的合作，获得了许多珍贵的一手资料和第一线的经验与智慧。（3）示范区三地党校以及课题组内部的精诚合作。三地党校选派了精干力量组成课题组，课题组内部分工协作、运行高效，成员间联合攻关、相互成就。除完成调研报告和书稿外，还在《解放日报》《文汇报》和其他重要报刊上发表了一系列研究成果，有的篇目被推荐到"学习强国"平台，受到较高的社会关注和评价。这说明基层党校的理论工作者只要选题恰当、组织精当、方法适当，是可以担负好一定的高端课题研究任务的。同时它也说明，在面对具有挑战的科研任务时，必须具有高度的使命感、脚踏实地的认真精神和组织高效的合作团队才能有效完成任务。正像作者所认识到的那样，从发展的眼光看，目前取得的成果显然是初步的，但这毕竟是一个很好的开端。期待有更多党校人在理论与实践的结合方面下苦功、做实功、建新功，在更宽广的理论视野下和更精深的调研基础上，推出更多内容丰富、学术厚实、影响深远的成果。

是为序。

李琪（中共上海市委宣传部原副部长、教授）

2023 年 9 月

绪 论

    地处上海青浦与江苏吴江分界的元荡湖一下子成了"网红打卡点"。在新建成的元荡慢行桥上，不少来自上海市区的游客忍不住欢呼："哇，我一步就到了江苏！"是啊，过去 40 分钟，如今 5 分钟，怎不让人激动？但是，曾经的元荡根据省界线用毛竹和网片分割开来，4 公里长的网障纵贯南北，沿岸交通阻隔、野树杂草丛生。是什么力量让它改变了模样？是国家战略的赋能，是长三角一体化的力量。元荡建设工程是长三角生态绿色一体化发展示范区（以下简称"示范区"）的开篇之作，目前已成为一体化生态环境治理工程、一体化基础设施贯通工程、一体化文旅融合工程、一体化体制机制创新工程，也是造福示范区家人和示范区客人的幸福工程。

    元荡的改变只是示范区快速演进的一个缩影。2019 年 10 月成立以来，示范区高标准、高质量完成《长江三角洲区域一体化发展规划纲要》和《长三角生态绿色一体化发展示范区总体方案》中三年预期建设任务，制度创新度、项目显示度、民生感受度显著提升。目前，示范区基本形成一体化发展的制度体系框架，从三省市交界的"地区边缘"跃升为我国探索区域协调发展的"改革前沿"；率先探索一体化优势转化为经济高质量发展优势的新模式，成为推动长三角一体化发展的新引擎；探索构建生态友好型发展新模式，绿色生态成为越来越浓厚的亮丽底色；初步建立跨区域、多层次、高品质的公共服务网络，探索形成跨省域共同富裕的新路径；形成一大批可复制可推广的一体化新制度，一体化制度试验田的示范引领效应不断放大。示范区坚持制度创新和项目建设双轮驱动，三年累计制度创新成果112项，其中38项在国家长三办推动下面向全国复制推广；持续推进108个重点项目建设，沪苏嘉城际、水乡客厅等重大工程快速推进。真是一年一个样、三年大变样，示范区以其初步形成的生态友好型高质量发展模式和亮点纷呈的一体化制度创新成果，引领带动长三角乃至全国区域一体化发展取得显著成效。

作为长三角一体化国家战略的先手棋和突破口，示范区建设和制度创新实践是在习近平新时代中国特色社会主义思想指引下进行的，其成果和成效生动诠释了习近平新时代中国特色社会主义思想力量的科学性、深厚性和现实性。2023年是学习贯彻习近平新时代中国特色社会主义思想和党的二十大精神、全面发力加快示范区建设之年，也是示范区"新三年"的起步之年，全面总结示范区建设经验，尤其是制度创新经验具有重大现实意义。

示范区一体化制度创新是一个多主体、多主题、多层次、宽领域交互进行的实践过程，加上兼有共时性和历时性的特点，使制度创新过程呈现出五彩斑斓的纷复局面，但它又是有序的、按照一定逻辑展开的过程。本书将重点围绕示范区一体化制度创新的初心使命、组织运行、基本原则、核心议题、成果绩效、经验启示、突出问题、完善策略等方面展开论述。

第一章　示范区一体化制度创新的初心使命。着重阐述中国式现代化生态观的思想指引（理论基础）、国内外尤其是发达国家的跨域生态环境治理经验（历史参照）、长三角一体化发展国家战略规划（政策根据）。

第二章　示范区一体化制度创新的运行机制。着重阐述示范区制度创新的组织运行方式、探索创新原则、内容关联系统和制度创新绩效以及内在关系。

第三章　示范区一体化生态治理制度创新。着重阐述示范区围绕跨域生态环境治理所进行的制度创新，包括建立"三统一"制度、制定跨界水体联保方案、出台符合本地实际的岸线综合整治指导意见等，探索创建"三地共治一方水"的一体化治理模式，实现从分段分界各自治理走向流域一体化治理。

第四章　示范区一体化绿色发展制度创新。着重阐述示范区坚持生态筑底、绿色发展和土地节约集约利用，在"不破行政隶属、打破行政边界"的原则下，探索建立的一体化绿色发展制度，包括统一规划管理制度、示范区存量土地一体化盘活机制、省际毗邻地区重大项目建设联合推进机制、示范区"双碳"产业政策等。

第五章　示范区一体化跨区域部门协作机制。着重阐述示范区建立以来，三地开展的跨区域部门合作机制，最具代表性的是党政牵引式合作机制、关键行业的跨区域联合管理机制和围绕特定主题建立的跨区域多部门合作机制。

第六章 青吴嘉生态环境治理任务落实机制。着重阐述作为服务落实国家战略前沿阵地的青吴嘉三地扎实推进生态环境保护和生态环境问题整治、推动环境治理和绿色发展的良性互动过程，以及在这一过程中产生的制度性经验和精彩案例。

第七章 示范区一体化文旅融合发展推进机制。着重阐述示范区按照一体化要求推动文旅各领域、多方位、全链条深度融合的总体方略和制度考量，并从实现文旅资源共享、优势互补、协同发展提出建议。

第八章 走向深水区的示范区一体化制度创新。着重分析示范区发展进入攻坚期和深水区所面临的问题，并对进一步完善制度创新的运行保障机制，适时突破现有的制度障碍、组织瓶颈和技术难点提出建议。

结论 要充分利用示范区制度创新成果与宝贵经验，倾情打造成社会主义生态文明最佳实践区，奋力谱写示范区改革创新和现代化建设新篇章，不断提升示范区服务国家战略的承载力、创造力和影响力。

第一章

示范区一体化制度创新的初心使命

示范区制度创新是在习近平新时代中国特色社会主义思想指引下、在世界现代化历史进程参照中、在落实长三角一体化国家战略进程中不断展开、不断丰富和不断精深的。习近平新时代中国特色社会主义，特别是习近平生态文明思想为示范区制度创新提供了理论根据，国内外尤其是发达国家的跨域生态治理历史为示范区制度创新提供了经验根据，长三角一体化发展国家战略规划为示范区制度创新提供了政策根据。

第一节　中国式现代化生态观的思想指引

习近平生态文明思想为核心的中国式现代化生态观具有极其丰富内容和鲜明的时代特征，基本要点包括："人与自然和谐共生"（共生论）；"山水林田湖是一个生命共同体"（系统论）；"良好生态环境是最公平的公共产品，是最普惠的民生福祉"（民祉论）；"绿水青山就是金山银山"（两山论）等。

一、中国式现代化生态观之"共生"与"系统"意蕴

"人与自然和谐共生"不仅是中国式现代化重要特征之一，而且全面渗透、深刻影响着其他各项特征，从而构成中国式现代化的普遍性

光谱。

（一）中国式现代化生态观的共生品性

1."人与自然和谐共生"：要求在尊重自然的基础上探索和谐共生之路

人类发展史就是一部文明进步史，也是一部人与自然的关系史。历史上，一些古代文明因生态良好而兴盛，也有的文明因生态恶化而衰败。日本思想家池田大作和意大利思想家奥锐里欧·贝恰在他们合著的《二十一世纪的警钟》中写道："使得现代的世界变得不稳定、难以预测和极其危险，有着无数纠缠在一起的原因，这是极其明显的。而带有讽刺意味的是，这些无数原因中的基本原因，是人类在全球范围内取得了对所有生命体的优先的地位本身。""人与自然的关系最近所经历的巨大变化，以及将来肯定要发生的修正，在左右人的生活方面，必然要比其他任何因素更起决定性的作用。"[①] 中国式现代化必须基于尊重自然、顺应自然、保护自然的底线式坚守，始终护卫人与自然和谐共生的文明根本；同时又要通过适应环境、利用环境、优化环境等能动性实践，不断开拓人与自然和谐共生的文明道路。人与自然的共生关系中，人是积极的能动的主体。与其他物种不同，人能够通过学习和反思来增强适应、预见和应对能力，人类还可以通过卓有成效的生产方式、组织形式和制度设计来调整与自然的关系。社会主义生态文明源于对发展的反思，也

[①] ［日］池田大作、［意］奥锐里欧·贝恰：《二十一世纪的警钟》，中国国际广播出版社 1988 年版，第 4—5 页。

是对发展的提升。

2. "人口规模巨大": 要求把绿色发展作为必然性指令进行创造性适应

随着现代化的全面推进, 人民的生产规模和生活享用必然会出现大幅度增长。日益增长的资源需求和随之而来的环境压力, 要求始终把生态文明建设放到突出的战略位置。只有将绿色生产、绿色消费以及生产消费排泄物的绿色处理纳入发展的核心议题, 创造资源节约和环境友好的发展方式和生活方式, 推动资源节约型和环境友好型社会建设, 才能给子孙留下天蓝、地绿、水净的美好家园, 赢得永续发展的美好未来。

3. "全体人民共同富裕": 既是社会发展目标, 也是人与自然和谐共生的条件

一方面, 如果不走共同富裕的道路, 贫穷地区的人们为了生存不得不对环境施加更大的压力, 从而引起资源和环境的继续退化; 另一方面, 随着社会的整体性富裕, 人们对更好生态环境的要求也会与日俱增。①

4. "物质文明和精神文明相协调": 既是"两个文明"之间的协调过程和协调状态, 也是它们相对生态文明的协调过程和协调状态

一方面, 物质和精神"两个文明"都受到生态文明的时代型塑。物

---

① 因此, 既要从底线防护的高度解决贫困问题, 防止少数人利用财富和权力侵占公共生态资源、威胁公共生态安全、牺牲公众长远利益的行为, 又要建构权利与义务平衡的生态财富共享机制, 不断提升生态产品供给质量和效益。

质文明要接受绿色的牵引和规范，精神文明也会在生态文明建设中得到丰富和发展。如，右玉精神、塞罕坝精神等，既是生态文明建设的经典，也是精神文明建设的标杆。另一方面，生态文明越来越多地成为物质和精神"两个文明"协调的中介。生态文明的刚性要求在倒逼经济活动绿色创新的同时，也在促进生活观念和生活方式的绿色演进，催生着社会力量的绿色集聚。

5. "走和平发展道路"：基于人类命运共同体理念在全球范围内对人与自然和谐共生的追求和坚守

和平需要相互尊重，发展需要合作共赢。中国式现代化既要造福中国，也要利好世界，为推动人类文明进步作出巨大贡献。因此必须进一步加快经济、社会的绿色转型，提高资源利用效率和环境优化能力，同时降低资源和环境上的脆弱性风险。

（二）中国式现代化生态观的系统关照

习近平总书记指出："我们要认识到，山水林田湖是一个生命共同体，人的命脉在田，田的命脉在水，水的命脉在山，山的命脉在土，土的命脉在树。用途管制和生态修复必须遵循自然规律，如果种树的只管种树、治水的只管治水、护田的单纯护田，很容易顾此失彼，最终造成生态的系统性破坏。"[1] 这就深刻揭示了生态环境和生态环境治理的系统性。

---

[1] 《习近平著作选读》第 1 卷，人民出版社 2023 年版，第 173—174 页。

1. 生态问题的产生及其治理困境根源在于对系统性规律的背离

一是不当使用造成生态环境功能失衡。生态环境可以归为两大功能：生产性功能（生产公共消费品、提供自然资源和场所）和服务性功能（提供人类活动场所和接纳废弃物）。环境生产性功能的发挥过程，即人类利用各种技术和手段向生态环境索取公共消费品和自然资源的过程。在其他条件不变的情况下，人类向生态环境索取公共消费品和自然资源种类越多、数量越大，对生态环境的扰动就越大，环境的服务功能就会相应受到削弱。过分看重生态环境的生产性功能，忽略生态环境的服务性功能，就会导致两大功能冲突激化，从而削弱生态环境的整体功能。

二是过度开采和不当使用造成生态环境的系统崩解。[①]

三是社会利益冲突造成生态问题迁延日久。或者是因为贫富分化，穷人为了生存被迫过度使用资源；或者是缺乏必要的组织管控，一个个自由的、理性的、独立的行为主体在追求自身利益最大化过程中，最终

---

① 美国环境科学家内贝尔指出："我们人工的或人类建立的系统最后必须与我们讨论过的养分循环、结构和能量流动的原理相一致，但在人类生态系统范围内则有不符合这些原理的，它们包含着最后瓦解的基础。这种不可避免的结果应该是我们最关心的，因为我们在管理我们人类的生态系统时常违反这三条基本原理。我们不是使资源重复利用（而这种重复利用的资源是我们社会的养分），而是主要从地壳中开采出有限的资源，然后在它们不能重复利用的地方处理掉它们。人口的继续增加可以被看做是基础结构的不平衡。最后，流经工业社会的能量不是来源于无穷无尽的太阳能，而是来源于迅速减少的、不可恢复的、储量有限的矿物燃料（煤，石油，天然气）。很明显，这些趋势中的任何一个（更不用说这三个）如果继续下去，将使我们的人类系统完蛋，这是众所周知的。"（［美］B.J.内贝尔：《环境科学——世界存在于发展的途径》，科学出版社1987年版，第24—26页。）

陷入"自己毁坏自己家园"的怪圈，造成"公地悲剧"。①

2. 生态环境问题的解决及其治理优化必须基于对系统性规律的顺应

环境系统是一个有机的整体，彼此间相互作用、相互联系和相互影响；同时，环境系统又是环境—经济—社会系统的一个子系统。

一要把生态环境问题的解决放到环境—经济—社会系统这个更大的系统中加以研究。从优化系统结构的角度建立并不断完善体现系统性要求的规划体系、制度规范、技术规范和组织结构，同时通过文明提升行动促进生态治理主体形成大格局、大智慧，让相关各方形成你中有我、我中有你的共生局面。

二要把生态文明作为一个复杂体系，从文化、经济、责任、制度、安全等多个方面、多个维度去建设，提高生态文明建设的规模效益与集成效应。

三要把跨行政区域的生态合作联动作为生态文明建设的重要途径。生态环境具有的公共性、整体性特征，要求各地区突破"造福一方"和"守土有责"的狭隘眼界，坚持"造福八方"和"合作守土"的区域生态共同体理念，强化区域生态一体化治理和整体性建设。

---

① 1968 年，美国加州大学生物学家加里特·哈丁教授分析一个对一切人开放的牧场，得出"公地悲剧"的结论：在一个公共牧场上，每一个放牧人总是试图放牧尽可能多的牛（彼此没有考虑放牧的负外部性），直至牧场上牛的数量远大于牧场的承载能力，最终导致牧场退化，给所有放牧人带来灾难。这个理论模型阐明：在共有资源自由使用的社会里，每个人都在追求利益最大化，但所有人争先恐后追求利益最大化的结果是整体的崩溃。

二、中国式现代化生态观之"民祉"与"两山"指引

习近平总书记提出，"良好生态环境是最公平的公共产品，是最普惠的民生福祉"（民祉论）；"绿水青山就是金山银山"（两山论），不仅进一步从生态文明建设视角诠释了以人民为中心的发展思想，而且深刻揭示了生态文明建设与经济社会发展的内在一致性，深刻回答了"人与自然和谐共生"何以必要、何以可能、如何可能这一系列基本问题，从而在民生诉求、发展需求和生态追求之间建立起了相互贯通的智慧走廊。

（一）用"民祉论"和"两山论"涵养生态眼力

"不畏浮云遮望眼，只缘身在最高层。"要用"民祉论"和"两山论"涵养慧眼，高瞻远瞩地提高生态文明建设的自觉性。

1. 用宽广的眼界周察多样性的生态价值

良好的生态具有经济价值，绿水青山可以转化成旅游产品或筑巢引凤的名片。但"金山银山"的价值寓意远不止经济方面。生态安全是生存和发展的基础；美好环境是人们的康乐园地；秀丽山川可以激发人们的文化灵感；甚至一定的生态"留白"，来一个"君子不器"，也会为未来储备更多可能。"环境就是民生，青山就是美丽，蓝天也是幸福。"由于关系到民生民心、折射出治理效能，生态文明建设同时也承载着政治价值。

2. 用辩证的眼光洞悉多重性的生态矛盾

"绿水青山"和"金山银山"之间、生态保护与经济发展之间存在着矛盾。因为"天育物有时，地生财有限，而人之欲无极"。发展上的

任性和过度的索取，以污染大气、水质和土壤为代价，不仅得不偿失，还可能贻害无穷。此外，在处理发展方式、群众生计、利益分配、生态冲突等一系列具体矛盾时，也需要分清主次、把握节奏、做好统筹。

3. 用历史的眼量检视多变性的生态过程

"风物长宜放眼量。"在生态环境保护上一定要算大账、算长远账、算整体账，不能因小失大、顾此失彼、寅吃卯粮、急功近利。随着社会的发展，群众对生态文明建设的品质和公平性要求越来越高，而对生态建设领域的瑕疵可能更难以容忍。

4. 用温暖的眼神关照多元性的生态主体

生态文明建设的内生动力不仅源于对"自然报复"的利己规避，也来自对各类生态主体的深厚大爱。或者是对共时性他者的关照，或者是对子孙后代的呵护。甚至大爱也并不限于人类，也给予环境和其他生命。它要求像保护眼睛一样保护生态环境，像对待生命一样对待生态环境，达到"一松一竹真朋友，山鸟山花好兄弟"的意境。

（二）用"民祉论"和"两山论"夯实生态定力

"绿水青山就是金山银山"并不意味着绿水青山马上可以形成、直接可以兑现，相反它需要久久为功、绵绵用力，才能显出效果、避免苦果、防止恶果。因此，必须保持生态文明建设的战略定力。

1. 意定

抽象认同生态文明理念并不困难，困难在于如何看待和解决具体推进过程中遇到的实实在在问题。生态文明建设所具有的长期性、艰巨性和复杂性以及它们对群众生产生活的实际影响，要求各种生态主体尤其是决策者具有坚定的生态信念和排除万难的绿色意志。这种信念和意志不仅表现在生态保护上，而且表现在生态造就上。习近平总书记曾盛赞的山西右玉县植树造林、改造山河的感人事迹，就是生态造就的典型案例。①

2. 法定

生态文明建设的战略性和系统性要求国家层面进行宏观规划，制定相应的制度和法律体系。党的十八大以来，以习近平同志为核心的党中央加快推进生态文明建设顶层设计，开展了一系列根本性、开创性、长远性工作。将生态文明建设写入党章和宪法，发布《关于加快推进生态文明建设的意见》《生态文明体制改革总体方案》等文件，对生态文明建设进行全面部署，推出了一揽子硬措施。② 在习近平生态文明思想指导下，国家陆续修订和颁布了一系列生态文明建设领域的法律法规，不断完善生态文明法制体系。③ 顶层设计和基层创新的良性互动大大增强

---

① 解放之初，第一任县委书记带领全县人民开始治沙造林。60 多年来，一张蓝图、一个目标，18 任县委书记和县委、县政府一班人，一任接着一任、一届接着一届，率领全县干部群众坚持不懈，把昔日的沙丘和荒山变成了树木成荫、生态良好的家园。右玉的可贵之处，就在于始终发扬自力更生、艰苦创业、功在长远的实干精神，在于始终坚持为人民谋利益的政绩观。

② 比如：不简单地以 GDP 论英雄；坚定不移加快实施主体功能区战略；坚持系统思维综合治理；建立责任追究制度；划定并严守生态红线等。

③ 比如：深化生态文明体制改革，组建生态环境部，在污染防治上改变"九龙治水"的状况，在生态保护修复上强化统一监管。深入实施大气、水、土壤污染防治三大行动计划和污染防治攻坚战，建立并实施中央环境保护督察制度。提出碳达峰碳中和目标，全面深入推进碳减排和经济低碳绿色转型。

了社会的生态定力。

3. 谋定

要把社会主义的基本原则和价值取向具体化为制度创新的源泉，形成以义统利、以义导利、以义养利的生动过程。要善于将生态绿色优势转化为经济社会发展优势。通过系统谋划，把治理工作与调结构、转方式、惠民生、育产业、建机制、强队伍有机结合起来；综合运用党建、法律、行政、经济、群众监督等手段，抓好重点部位、重点环节、重点行业、重点区域的监管和治理，形成各方有序参与的长效机制。

（三）用"民祉论"和"两山论"培植生态能力

践行"民祉论"和"两山论"，归根到底要落在推动生态文明建设的实践能力上。

在生态保护和生态造就方面，主要任务是要打好升级版污染防治攻坚战，解决好突出环境问题；建立健全现代环境治理体系，强化法律和政策保障；完善生态文明建设领域统筹协调机制，全面实现部门间充分配合协作，形成生态文明建设的有效合力；推动经济绿色低碳发展，全面推动绿色生产生活与绿色消费方式形成；加强大数据、卫星遥感等新技术手段运用，全面提升生态文明建设信息化和智能化水平；积极参与全球生态环境治理，共谋全球生态文明建设等。与此相适应，要增强生态主体协同能力、生态治理综合能力、生态资源运筹能力、生态制度创新能力、生态文化传播能力等。

在生态价值转化方面，既要注重把生态优势转化为发展优势，又要注重赋予发展过程、生产场景以生态特征；既要注重转变发展方式，又要注重生态治理技术的创新和运用。要建构权利与义务平衡的生态公平体系，做好生态补偿和生态救助。基层领导干部还要有一股傻劲，体现让利于民的情怀；有一股钻劲，找到为民谋利的方法；有一股狠劲，杜绝见利忘义的冲动；有一股巧劲，建立互利共赢的机制。要按照"三生"融合思路探索生态价值实现新模式和新路径。①

第二节　跨区域生态环境治理的国际经验

深刻汲取国际生态环境治理尤其是跨区域治理的历史教训，对于规避"先污染，后治理"老路，增强系统治理、依法治理、综合治理、源头治理的自觉性和行动力具有重要意义。这里用英国泰晤士河流域、欧洲莱茵河流域和北美五大湖区域生态环境治理案例作一些简要说明。

一、汲取"先污染，后治理"的沉痛教训

（一）英国泰晤士河流域水污染的苦难代价

泰晤士河被称为"英国的母亲河"，曾经美丽清澈、鱼虾成群。工业革命后，泰晤士河流域尤其是流经伦敦的河段逐渐变成了"臭水沟"。1878年"爱丽丝公主号"游艇发生意外沉没时，640名游客跳水逃生，

---

① 要坚持"护绿"为本，通过在发展中保护、保护中发展，探索生态资产保值增值的有效途径；推动"革绿"出新，通过联动推进农村产权、金融、扶贫，探索"绿水青山"型制度供给的有效途径；实现"点绿"成金，通过"生态＋""品牌＋""互联网＋"，探索生态产品价值转化的有效路径，推动经济生态化、生态经济化。

因呛入被污染的河水而中毒身亡。随着水环境的恶化，生物多样性逐步减少并消失，昔日渔业繁荣的泰晤士河死寂了足足150年。由于泰晤士河是伦敦居民的主要饮用水源，大量工业有毒废渣、废水和生活污水的排放，使得被污染的河流成了"滋生疾病的温床"。①

泰晤士河污染持续严重，除了由于工业快速发展和生活污水处理不当之外，自由放任的社会政策也加大了治理难度。19世纪前期，英国处在一个崇尚自由放任的时代，政党施政的主流意见是政府不应通过干预解决社会问题。中央政府很少过问地方事务，地方也对中央的权威比较抵触，许多工厂主以"自由放任"为借口反对国家和地方政府对河流进行干预。"谁污染，谁治理"是当时社会奉行的治理原则，但泰晤士河流经十余个城市，管辖权错综复杂，部门之间职能重叠交叉。一条全国性的河流却缺乏一个全国性的管理机构。缺乏统一的管理使得泰晤士河的水污染迟迟得不到妥善解决。后经100多年的持续努力，才幸而使泰晤士河起死回生。

（二）欧洲莱茵河治理的艰难历程

莱茵河发源于阿尔卑斯山，全长1320千米，流域面积185000平方千米，覆盖意大利、瑞士、奥地利、列支敦士登、德国、法国、卢森堡、比利时、荷兰九个国家。流域内人口密集，工业发达，生活、工

---

① 霍乱作为当时最主要的传染病与泰晤士河水污染有密切关系。除霍乱外，当时英国暴发的伤寒、淋巴结核、腹泻、白喉等疾病也与泰晤士河的水污染有关。各种疾病频繁暴发夺走了无数人的生命，疾病扩散的范围延伸到英国的各个阶层。

业、农业污水曾经直排河道，严重污染了莱茵河的环境。为拯救莱茵河，各国政府协同合作，采取了一系列治理措施，但在认识和政策上有一个不断完善的过程。莱茵河污染治理始自 19 世纪 80 年代。渔业、运输业是莱茵河的原始功能，因此莱茵河治理的国际公约最早是针对这两大类活动带来的不良影响。当时各国并未将倾倒污染物视作污染主因，因而莱茵河污染问题不但没有缓解，反而不断恶化。1948 年，饱经污染之苦的荷兰在莱茵河航运中央委员会上提出污染治理倡议，得到一致赞同。1950 年，瑞士、德意志联邦共和国、法国、卢森堡和荷兰五国联合成立专门的"保护莱茵河国际委员会"（简称 RCPR），对莱茵河保护和监测问题进行讨论，寻求有效解决方案。但这个阶段的主要精力局限于末端污水治理，RCPR 也侧重于规则制定，缺乏监督执行力，因而没能有效减少污染源。1986 年桑多兹化工厂泄漏事故之后，各国加强了莱茵河污染治理的政治合作，一致同意实施《莱茵河防洪行动计划》和《新莱茵河公约》。莱茵河水中的污染物大为减少，但长期以来的污染物被掩埋在河底淤泥中，难以被完全净化；家庭、企业为莱茵河水注入了多种微量污染物；植物保护剂污染对莱茵河生态系统仍造成一定的困扰。2001 年，RCPR 通过《莱茵河 2020 行动计划》，并融合《欧盟水框架指令》和《欧盟洪水风险管理指令》，致力于生态系统的改善、自然保护、预防洪水以及地表水的治理。2020 年，RCPR 又结合《欧洲绿色新政》的要求，制定《莱茵河 2040 行动计划》，保障莱茵河流域的可持续性发展，提高应对气候变化的韧性。

（三）北美五大湖区面源污染的多重危害

北美五大湖区位于北美洲的中东部，是加拿大和美国边境一系列互相连接的淡水湖，是包括苏必利尔、密歇根、休伦、伊利和安大略 5 个彼此相连湖泊的总称，总面积达 24.56 万余平方千米。尽管湖区面积很大，但却易受到大范围污染的影响。随着农业、林业的发展和城市化进程，整个大湖区的生态系统遭到破坏。20 世纪初期开始，湖区人口迅速增长。20 世纪后半期，由于修建运河，湖区的水消费量增大，导致湖水出现下降趋势。许多天然的湿地被填平或被开垦成农用田、城市用地、用于娱乐和资源开采（泥煤矿），尤其在湖区南部，湿地消失很快。这些湿地的消失带来了水文过程和水质方面的问题，也给保护禁区和某些野生物种带来困难，一些物种由于大湖区的生存条件改变而灭绝，许多其他物种受到灭绝的威胁或丧失其重要的基因多样性。1801 年，纽约立法机关发现有必要通过法规，减少大西洋鲑鱼从伊利湖到它们产卵渠道的自然迁徙的障碍。19 世纪初，加拿大政府发现有必要出台类似的立法，禁止在安大略湖支流的河口使用堤坝和渔网，还通过了其他保护性立法，但由于大湖分属两国，执行起来相当困难。

欧美主要资本主义国家所走的"先污染、后治理"传统道路，付出了惨痛的代价，最后才幡然醒悟，亡羊补牢。这些深刻教训是我们需要牢牢汲取的。

二、国际跨域环境治理的经验启示

但从另一方面看，国际跨域环境治理的经验，也有许多可以学习借鉴的地方。

（一）泰晤士河流域水污染治理经验

从 19 世纪中后期开始，为了治理泰晤士河流域的水污染，政府、议会、社会组织和个人都付出了巨大努力。

1. 政府干预，统一管理

从 19 世纪中叶，英国政府任命河流污染调查委员会对全国河流水质状况进行调查，为河流污染治理问题提供有力的事实证据，并据各地实际情况向各地提出不同的治理建议。1859 年起，伦敦开始建设排污系统，政府修建了大量的污水处理厂和大型污水管网。为提高河水的溶解氧浓度，河道中进行人工充氧。20 世纪 60 年代起，泰晤士河的水污染由地方政府分散管理转变为流域一体化统一管理。1973 年新《水资源法》颁布，英国将全流域 200 多个管理机构合并，建成了新的水务管理局——泰晤士河水务管理局，对河流采取统一集中的管理模式。[1]1975年后，政府定期投入资金加强对河流的养护，同时加强立法对排污入河的工业废水进行严格控制。

2. 议会立法，规范治污

英国政府重视相关立法工作，并严格依法治理泰晤士河。1848 年，英国议会通过了《公共卫生法案》，开创了国家干预地方治理环境污染

---

[1] 管理范围非常广泛，涉及供水、排水、污水处理、灌溉、渔业、水上交通等一系列业务。泰晤士河水务管理局还有权对流域进行统一规划与管理，提出水污染控制政策法令、标准，提供充分的治理资金保障。诸项措施使泰晤士河的治理更加科学合理。

的先河。1855 年议会颁布《有害物质去除法》，对那些排放废水、污染河道的制造商进行罚款。1875 年，议会通过新的《公共卫生法案》，赋予地方政府处理污染问题更大的权力①；1876 年议会通过《河流污染防治法》②，该法案是世界上第一部水环境保护法规。1951 年，议会颁布新的《河流污染防治法》，明确建立了排污许可证制度。之后，英国议会又陆续颁布《水资源法》《水法》《水污染控制法》等众多法律，对控制河流污染起到了积极作用。

3. 民众参与，群策群力

霍乱的暴发使居民认识到河水污染的巨大危害，河流污染治理受到越来越多民众的支持，包括乡绅阶层、化学家、医生、教师、工程师、渔夫等都积极行动起来。民众还建立社会组织讨论河流污染防治问题，在一定程度上影响了政府的决策。③ 个人、环保组织、高校和私营企业形成合力，对水污染治理发挥了智囊团和监督者的作用。

---

① 该法案规定：地方政府应及时修护城市下水道，并根据实际情况必要时修建新的下水道，禁止将任何污水通过下水道排放入河流；在公共场所修建更多卫生间；地方政府应定期检查下水道的安装和使用情况等。

② 该法案禁止任何人将固体废弃物扔进河流，禁止工厂将有毒有害的工业残渣倒入河流，禁止任何人将未经处理的废水、污水直接排放入河流，禁止将可能造成污染的工业废水排入河流。

③ 1857 年，英国国家社会科学促进会建立，吸引了众多有识之士，得到中等阶层的大力支持，在社会上引起了广泛的注意，为政府决策提供了集体智慧。1874 年，皇家艺术协会在格拉斯顿召开会议，主要讨论关于河流污染问题，吸引了许多专业人士参加。英格兰的区域政府办公厅、区域发展局论坛、网格体系和委员会吸纳了大量的区域社会民众参与。20 世纪 60 年代以来，公众环保意识增强，越来越多的民间组织自发成立起来支持泰晤士河的生态保护事业。

4. 创新技术，提高效率

"爱丽丝公主号"灾难发生后，英国成立了皇家都市污水处理委员会，第一次提出利用悬浮和生化需氧量等科学证据来检测河流水质，随后开发了化学沉淀法去除未经处理的固体污染物。1947年，英国成立水污染研究实验室，研究出活性污泥法，提高了污水净化程度。20世纪中后期，污水处理又采用超声波监测控制污泥密度和包膜电极监测溶氧等新技术，遥测技术也使用起来。

泰晤士河水污染治理经验的主要启示：一是要为污染防治构建全面、有效的法律体系，使生态环境治理走在健全的法治轨道上。二是要秉持全流域治理理念，建立统一的管理机构，统筹上下游、左右岸的污染治理。三是要鼓励公众积极参与。四是要加大新技术的研究与应用。

（二）莱茵河跨国治理的经验启示

1. 借助有利的政治气候和生态环保氛围

20世纪60年代末，国际社会开始关注环境问题[①]，欧洲社会生态环保氛围日益浓厚。20世纪80年代后，绿党在欧洲各国崛起，"恢复生态平衡"的主张直接进入政府施政纲领，对欧洲环保行动起到极大助推作用。

---

① 比如，1968年《欧洲水宪章》提出对水环境加强保护，甚至提出世界正进入"生态时代"这样的革命性概念。1972年，著名的联合国环境大会在斯德哥尔摩召开，发表了《人类环境宣言》，强调在经济发展的同时，必须高度重视生态环境保护，并相继签署了减少向大海抛弃废物的《奥斯陆公约》和《伦敦公约》，减少船舶污染的《MARPOL公约》，减少陆地污染的《巴黎公约》。

2. 建立并维护高影响力的流域协调组织

莱茵河治理的成功离不开 RCPR 的协调。[①] 虽然它对各国没有法律约束力，但却具有很高的政治影响力和社会影响力，在污染治理中发挥了重要作用。

3. 形成普遍的环保共识和经济发展理解

"二战"后，欧洲各国开始意识到环境污染的严重后果，并摒弃利益之争进行合作。荷兰甚至克制战后国内对德国的抵触情绪，积极与德国在莱茵河治理方面谋求磋商和合作。随着欧洲一体化的发展，各国政治立场进一步统一。

4. 依托科学的规划和先进的环保技术

莱茵河治理向来有章有据，有规划有协议。[②] 莱茵河治理也非常注重先进技术的改良与运用。莱茵河流域治理还探索河流的动态和一体化治理，即注重工程和非工程措施的结合，以及源头控制、分散治理，注

[①] RCPR 作为一个国际政府间协商组织，由瑞士、法国、卢森堡、联邦德国和荷兰共同成立，常设秘书处位于德国科布伦茨，委员会主席由成员国环保部部长轮流担任。其最高决策机构为各国部长参加的全体会议，每年召开一次，就流域治理行动、资金及流程做出决议，各国分头实施、费用各自承担。RCPR 也会基于流域内各个国家的经济发展水平差异，做出协调与平衡。各国对各自计划或职责进行立法保护、自觉监督，并向 RCPR 汇报进展。每隔两年 RCPR 也会针对各国的执行情况形成报告，构成外部监督作用。

[②] 20 世纪 80 年代以来，RCPR 通过了三个规划，分别是《莱茵河行动计划》（1987）、《莱茵河 2020 行动计划》（2001）和《莱茵河 2040 行动计划》（2020），为莱茵河治理提供了战略安排，并明确了量化指标体系和各种生态修复模式。RCPR 还主导签署了一系列有关莱茵河流域治理的协议，如《控制化学污染公约》（1976）、《控制氯化物污染公约》（1976）和《新莱茵河公约》（1998）等，为莱茵河环境改善和流域管理提供了法律依据。

重维护、恢复河流的自然特性，使莱茵河整体生态系统得到有效改善。

5. 注重可持续发展从源头上切断污染源

面对越来越严格的环保标准和越来越激烈的国际竞争，很多地区和企业走上转型之路。[①] 莱茵河流域通过工业产业转型、点源污染控制、农业面源污染控制等手段，鼓励经济的可持续发展，从源头上切断了污染源。

6. 吸纳多元主体参与丰厚治理社会力量

莱茵河流域治理为多元主体参与提供了开放渠道和机制。[②] 充分的多元主体参与有效促进了治理计划的贯彻落实。

莱茵河治理经验的主要启示：一要顺应生态文明大趋势，以习近平生态文明思想为指引，推动民众和政府相向而行、互促互进。二要完善流域协调机构职能，进一步理顺部门间、层级间的权责关系，形成以流域协调机制为核心的治理机制。三要注重源头治理，坚持流域生态系统一体化保护和修复，把加强流域生态环境保护与推进能源革命、绿色生

---

① 例如，埃森煤矿曾经是欧洲最大的煤矿，自 1989 年开始，当地政府投资 7000 万欧元对煤矿进行修复，完整呈现了 1932 年采、挖、炼、运一整套的煤矿生产流程，开启了埃森工业旅游模式。欧洲很多地方探索天然有机农业发展道路，甄选良种、少用化肥、少用农药，引进安全手段减少病虫害，以实现农业可持续发展。

② 比如，1998 年的《新莱茵河公约》明确提出 RCPR 应与利益团体和其他组织、专家合作，并规定了合作程序。RCPR 秘书处和各国环保部门也为公众参与和信息公开提供渠道。在《莱茵河 2020 行动计划》实施初期，各国和地方政府结合欧盟水框架指令，召集公共部门和私人部门代表及用水者联盟，成立咨询委员会，举办讨论会以熟悉并执行新的莱茵河治理计划。

产生活方式、经济转型发展统筹起来，坚持治水、治城、治产一体化推进。四要加强生态理论研究，为生态治理提供战略眼光。五要创新和应用先进技术，为生态治理提供技术支持。

（三）五大湖面源治理的经验启示

1. 建立机构规约

1909 年，美国和加拿大政府成立湖区管理国际联合委员会。20 世纪后期以来，委员会作用发挥越益明显。它提出的建议通常会受到两国政府的尊重和采纳。随着 1978 年《大湖水质协定》的签署，来自加拿大和美国的湖区省（洲）行政首长建立了大湖区的圣劳伦斯州长和总理会议机制，这个会议代表大湖区各地方政府行使湖区管理权，寻求该地区的经济发展和保护大湖之策。依托这个会议机制，1985 年和 2005 年分别签署了《大湖宪章》和《大湖契约》。共同治理的法律和机构为共享共保环境资源奠定了基础。

2. 制订项目计划

美国从联邦到州政府都制定了面源污染控制规划与行动计划。主要城市对城市污水必须进行二次处理，才可以排放。

3. 促进社群参与

面源污染控制十分困难。要促进企业、社会组织和个人形成紧密的家园共守意识，自觉减少对环境的危害。

4. 加强系统管理

生态系统方法要求以一种广泛的、系统的观点来理解区域内物理、化学和生态因素间的相互作用；从地理区域角度对整个生态系统（包括陆地、空气和水）进行全面理解；把人类作为生态系统良好运行的主要因素。有鉴于此，要转变过去着重局部治理污染的管理方法，制定全面的战略和行动，保护和恢复大生态系统。

5. 强化科技支撑

一方面，污染治理总是伴随着科学研究和技术创新而不断深入；①另一方面，污染预防包括改变生产流程、生产原料和引导消费者对有利于环境的良性产品的选择等，这些都需要科学研究的进步和科普工作的深入。

第三节　一体化制度试验田的使命要求

为持续发挥全国经济增长极的引领和示范作用、加快建成具有全球影响力的世界级城市群，习近平总书记和党中央将长三角区域高质量一体化发展作为凝聚区域合力、破解体制机制藩篱、促进要素有序流动、激发创新创业活力的重大国家战略。示范区是实施长三角一体化国家战略的先棋手和突破口。

---

① 比如，针对有毒污染物的研究发现，在水生生态系统中，许多有毒物质在通过食物链时，易于产生生物积累作用。经过生物放大的有毒物质会继续影响湖泊内水生生物和捕食它们为生的鸟类和其他动物。又如，针对面源污染途径的研究，让人们认识到通过大气沉降途径给湖区带来的污染。由于对这种途径产生的磷污染不可控制，所以就更迫切需要降低洗涤剂、下水道和肥料流出物中磷含量。

一、示范区制度试验的战略使命

2018年11月5日，国家主席习近平在首届中国国际进口博览会上发表主旨演讲，提出支持长江三角洲区域一体化发展并上升为国家战略，着力落实新发展理念，构建现代化经济体系，推进更高起点的深化改革和更高层次的对外开放。随后，在听取上海市工作汇报时指出："在沪苏浙三省市交界区域建设长三角一体化发展示范区是一个很好的设想，可以在长江三角洲区域一体化发展规划中进行谋划和设计"。2019年10月25日，国务院正式批复《长三角生态绿色一体化发展示范区总体方案》（以下简称《总体方案》）。2019年11月，习近平总书记在听取上海市工作汇报时进一步指出："示范区是一体化制度创新的试验田，党中央支持你们大胆试、大胆闯、自主改。"

示范区范围包括上海市青浦区、江苏省苏州市吴江区、浙江省嘉兴市嘉善县，面积约2300平方公里。同时，选择青浦区金泽镇、朱家角镇，吴江区黎里镇，嘉善县西塘镇、姚庄镇作为一体化示范区的先行启动区，面积约660平方公里。通过在示范区内探索总结体制机制的创新，可以向整个长三角地区进行复制与推广，再推广至全国范围内，对整个中国的区域经济发展具有十分重要的作用。示范区内，可以将党的十八大、十九大确定的一系列改革任务涉及的地方，都放到这个示范区里进行探索实践，实现集中落地、率先突破、系统集成，成为全国深化改革的试验田，特别要在涉及规划管理、土地管理、投资管理、要素流动、财税分享、公共服务等方面成为跨区域制度创新和政策突破的"样板间"

和"示范田",起到先行先试的效果。此外,还可以探索在示范区内形成一系列跨区域的、一体化的新体制机制。作为一体化合作的制度试验田,其意义凸显在参与合作的主体不断扩大、逐步升级的试验价值。

二、示范区制度试验的功能期许

示范区的战略定位是生态优势转化新标杆、绿色创新发展新高地、一体化制度创新试验田、人与自然和谐宜居新典范。示范区制度创新试验与示范区功能提升实践彼此依赖、交相辉映。

(一)国家高质量发展的引领区

高质量发展是中国式现代化的首要任务。长三角核心区是中国经济最发达的地区,也是最早面临经济转型压力的地区。示范区要聚焦体制机制改革创新,在推进高质量发展方面探索独特路径、提供有益经验。一是创新合作机制体制。在示范区内,可以汇聚苏浙沪三地优势、加强三地联动、激发三地潜能。抓好三地在重大事务上的合作,充分发挥其实验示范和引领带动作用。二是构建民生保障机制。以增进群众的获得感、幸福感和安全感为出发点和落脚点,稳步推出实施三地居民关注度高、覆盖面广、影响力大的相关政策措施,加强三地在教育、医疗、文化、旅游、创业、社会保障等领域合作,大力引进上海优质公共服务资源,打造宜居、宜业、宜游的优质生活圈。三是构建具有国际竞争力的现代产业联动发展机制。坚持以供给侧结构性改革为主线,加快构建以创新为战略支撑、先进制造业为主体,与现代金融、人力资源相配套的现代产业体系。加快打造一批先进制造业集群,建设具有国际竞争力的先进制造业基地。四是推动基础设施"硬联通"和机制"软联通"。① 加快推进高标准的产业导向，以形成高质量发展的新动能为目标，以弥补高质量发展的短板为导向，共同制定高标准、高起点的产业政策和产业目录。加快高质量的要素集聚（汇聚科技、金融、人才等要素），实现高效率的要素配置，在一体化制度创新作用下，提高要素配置效率，实现要素配置的最优化。

（二）一体化融合发展的先行区

示范区依托行政区，但又要自觉地超越行政区划限制，全面推进一体化融合，在区域一体化发展制度创新方面体现未来趋势。一是多领域的一体化。不仅有生态保护、交通互联、产业合作、科技创新领域的一体化，还有城市功能、要素市场、民生发展等领域的一体化。二是推进载体的一体化。在基础设施、要素市场、公共服务等领域，突破行政区分级设置机构限制，共同谋划、共同出资，建设一批覆盖长三角的专业机构。三是制度建设的一体化。消除地区政策的标准不一、执行不一问题，让各地政策相互衔接、有机统一。发挥地方立法作用，开展合作立法，为一体化发展提供制度支撑和保障。

（三）城乡协调发展的示范区

城乡协调发展是经济社会发展的核心问题和突出难题。长三角城市群是中国最大的城市群，但在上海、杭州、苏州等城市圈的临界边缘

---

① 一方面，示范区从基础设施互联互通开始，探索推进形成内联外通、高效衔接的基础设施网络，加快推进长三角"硬联通"；另一方面，加快研究探索创新举措，促进长三角人流、物流、资金流、信息流便捷有序流动，提高要素使用效率，加快推进三地体制机制"软联通"。

地带，城市化明显滞后于工业化进程。示范区所属的上海青浦、江苏吴江、浙江嘉善都属于城乡结合区域，既面临着城市科学发展问题，也存在着乡村振兴问题，更存在着城乡协调不够和发展问题。示范区应在构建城市发展新形象、开拓农村发展新面貌和推进城乡协调发展、打造景秀物丰的美丽家园方面探索路径与经验，提供样板与示范。

（四）创新创业的理想地

推动创新创业也是示范区的一个重要任务。长三角区域具备建设世界影响力的科技创新中心示范区的基础条件。[1] 在构建新发展格局的背景下，以中国巨大的内需为引力，必将逐步培育出属于中国人自己的品牌和自主创新技术，从而为建设创新驱动国家起到示范效应。示范区全面推进体制创新、管理创新，打造具有国际一流标准的营商环境，为各类人群前来投资兴业提供最有利的条件和最坚实的支撑，使示范区乃至整个长三角区域成为创新创业的理想之所。

（五）生态绿色发展样板区

长三角三省一市在地理位置上相互连接，伴随着经济快速发展而来的一系列生态环境问题往往不局限于某一个狭隘的区域内，因此需要联合起来建立行之有效的生态保护协同机制。以示范区建设为契机，推进

---

[1] 长三角地区由东向西有两条走廊，即 G60 科创走廊和沪宁合之间的沿江地带，这里分布着长三角乃至全国最丰富、最密集的大学、科研院所等科教资源，示范区可以依托大学、科研院所，尤其是长三角数量众多的双一流大学进行创新创业。同时，也可以依托长三角人才优势、企业创新主体优势、开放型经济优势，以及科技园和高科技产业集聚优势等，致力于科技创新成果的产业化。

上海、浙江、江苏和安徽三省一市区域绿色协同发展，提升区域生态环境保护能力，构筑经济发展与生态保护齐头并进的样板区域，具有十分重要的意义。示范区被定义为"生态绿色"，明确在坚持生态优先的基础上，对示范区的生态保护和产业规划进行统一布局，作为规划建设的重点，以体现"高质量"与"一体化"发展的两个关键。在协调机制方面，加强三地一体化生态文明建设示范区发展，健全三地一体化发展合作机制，协调和解决区域环境综合治理中发现的困难和问题；在统一标准方面，按照生态环境部以及各省市有关长三角生态环境治理规划和政策，进一步形成区域内统一的污染控制技术规范，逐步形成科学合理、严格管理、指导有力的一体化生态环境管理模式；在环境信息共享方面，打破行政壁垒和区域限制，实现环境信息共享共赢，组建区域内空气质量预测预报机制，建立区域发展环境风险识别和预警制度，预先防范和妥善应对区域发展风险等。

（六）上海对外开放的载体

长三角一体化发展，既是上海自身发展的重大机遇，更是上海更好服务全国的重大平台。示范区建设与上海自贸试验区新片区一道，更好发挥对外、对内开放"两个扇面"的枢纽作用，做强上海更好服务全国的大平台。同时，自贸试验区和示范区又可以相互促进、相互借鉴，为新时代上海发展构建起"两翼齐飞"的驱动格局。

三、示范区制度试验的操作优势

示范区制度试验把国家深化改革的要求、长三角一体化高质量发展的要求和制度实验区域的需求有机结合起来，形成了既激发各方有为又确保运行有序、解决实际问题与积累制度成果相为表里、义利结合促上下同欲的操作优势。

（一）小范围探索实验区

推动长三角一体化的核心难点之一在于探索跨省级行政区的治理体制机制，设立示范区是一条突破强、见效快、风险小、可操作、能复制的破解路径。在长三角区域内选择一小块地方，探索破解一体化中深层次的体制机制障碍，并在积累经验后撬动长三角的大尺度一体化甚至全域的一体化，具备以下优势：

1. 省市交界地带问题突出集中

地理邻近，但却不受同一行政部门管辖，这就容易产生"断头路"、垃圾偷倒、违禁物品买卖等跨界违章违法现象；110、120、119 等紧急救护不及时；阻碍优势资源流动；邻近区域的断崖式景观差异等。这种由于制度造成的"隐性墙"，使得各行政区空间邻近却以邻为壑，利益关联却推诿扯皮。在这些治理困境最为凸显的区域设立示范区，相关省市向合作区让渡部分社会经济管理权限，探索建立跨行政区的一体化治理体制机制，可为一体化合作试验提供更为丰富、更深层次的问题和挑战，从而获得更多的一体化发展和治理内容。

2. 政区交界处易于形成示范效应

政区交界处由于空间邻近，习俗和文化也都接近，而出现的诸多治理难题多是制度"人为"造成的，一旦在制度上有了突破，将很快能"攀亲结对"、融合发展，易于取得一体化治理的成就，进而形成示范效应。

3. 小尺度探索面临的风险性较小

示范区的空间范围一般较小，在实验中其制度风险相对较小，无论是组织架构、运行机制、财税情况，牵扯面都不大，万一实践中出现问题，也易于及时纠偏，缩小影响。

（二）拓展长三角一体化的发展空间

作为我国经济最具活力、开放程度最高、科技创新能力最强、产业体系最完美、要素流动最便捷的区域之一，长三角地区正处于转型提升、创新发展的关键阶段。长三角三省一市立足服务国家战略、充分利用得天独厚的资源禀赋条件和区位优势，共同打造示范区，对于加强区域产业协同发展和产能协作，以改革创新推动地区实现更高质量一体化发展具有重要意义。

1. 进一步消除行政壁垒，形成互利共赢的区域协调发展格局

长期以来，囿于行政区划分割和地方利益保护，长三角区域市场准入规则、监管规则、行业标准、资质认证等政策性壁垒降低了资源利用、要素配置和流通的效率。示范区通过改革创新突破区域壁垒和体制机制障碍，按照市场化要求共同建立有机统一的区域大市场，促进资源要素的优化配置和产业功能的整合联动，形成优势互补、协同发展、互利共赢的区域协调发展新格局。复制推广示范区创新经验，必将有利于长三角地区以一体化的思路和举措打破行政藩篱、利益格局和制度障碍，加快打造全国发展强劲活跃增长极；有利于为国家其他重大战略地

区提供借鉴，加快形成连接中央和地方各层级、调动政府和市场多方资源的新型跨区域一体化治理模式；有利于为全国建设生态友好型发展模式提供示范，推动要素充分流动、资源高效配置、经济循环畅通，加快构建国内大循环为主体、国内国际双循环相互促进的新发展格局。

2. 进一步积聚创新优势，推动长三角一体化高质量发展

示范区的最终目标是在自身高质量发展的基础上，成为引领长三角高质量一体化发展的新引擎，它要依托上海科创中心优势，瞄准服务科创中心、实现项目落地的精准定位，推进高质量发展。长三角地区也要在此试验示范下，打造以开发区为重点的高质量发展改革示范平台，依托长三角自主创新示范区、经济技术开发区和高新技术开发区等各类开发区平台，推进改革创新协同，推动产业分工协作，推动先进制造业与现代服务业融合发展，打造全球科技创新策源地。

3. 进一步发挥各方优势特色，构建开放协调的区域空间格局

发挥各方优势特色，明晰城市功能定位及分工协作机制，形成分工合理与各具特色的区域空间格局。基于长三角三省一市资源禀赋、战略地位及政策先行优势，示范区将从实施国家战略的高度，把握区域空间结构优化的机遇，从区域层面构建开放协调的空间格局，进而加强在功能、产业、科创、交通、环境、设施方面的衔接，促进区域空间协同和一体化发展。

（三）激发落地区域的创造活力

尽管示范区建设是作为国家战略任务来推进的，具有政治性和使命性特征，但对于战略承载区的青浦、吴江、嘉善来说，它并不单纯是一种自上而下的外在强力要求，而是很好切合了解决区域发展难题、实现高质量发展的需要，这也正是示范区的制度创新能够迅速获得三地响应、激发出无限创造活力的深刻动因。

长三角一体化发展上升为国家重大区域发展战略之后，示范区建设还处于谋划阶段的时候，三地就提出了深度融入长三角一体化发展的若干意见，体现了对接国家战略、促进区域发展的渴望和热情。① 示范区建设方案出台后，生态绿色一体化发展成为示范区的基本色彩，从而为青吴嘉三地多年追求的绿色发展提供了根本支点；一体化制度机制的创设和实施，将有效化解久积的跨区域环境治理和社会治理痛点；基础设施的联通和提升以及具有显示度的功能性项目建设，让处于省际边沿的青吴嘉一下子成为明星区域；营商环境的深度优化、重大项目的强力牵引、高端产业平台

---

① 例如，《青浦区深度融入长三角一体化发展的若干意见》提出充分体现国家战略、充分发挥自身优势、充分对接市场需求的原则，提出"六个推动"：一是推动规划契合。开展跨区域经济社会发展战略协同研究、重点区域发展规划研究、跨区域产业布局规划研究、跨区域环境保护治理规划研究；二是推动设施汇合。加快道路交通网络建设、推进航道建设、积极配合做好上海大型通用机场规划选址等前期工作、完善跨区域市政基础设施建设布局；三是推动产业耦合。聚焦进博会放大会展业辐射效应、推动快递物流转型发展、优化商务商贸发展、支持产业园区合作共建、打造一流营商环境；四是推动功能聚合。提升城市能级、优化教育发展质量、推进医疗合作机制、构建文化服务体系、联合打造体育品牌、积极参与环淀山湖战略协同区建设；五是推动治理融合。建立社会治安综合治理联动机制、建立突发事件信息共享机制、加强市场监管部门联合执法和专项合作、完善社会保障体系；六是推动环保联合。推进"一湖两河"联保共治、联手打赢蓝天保卫战、全面开展土壤污染防治、加强环境联合监管与执法，并提出了相应的强化体制机制和政策保障措施。

的有序搭建、高科技创新企业的纷纷进驻，迅速创造了高质量发展的天时地利人和条件。因此，三地按照国家战略的总体部署和要求，积极主动投身制度创新行列，在肩负国家战略使命、深耕一体化制度创新试验田的同时，也在奋力谱写区域高质量发展和人民美好生活新篇章。

第二章

示范区一体化制度创新的运行机制

制度创新是示范区建设的核心环节和根本动力。多年来，示范区围绕率先探索区域生态绿色一体化发展制度创新使命任务，大胆探索、不断突破，制度创新取得丰硕成果。示范区制度创新的组织方式、内容选择和创新绩效之间有着深刻的联系。

第一节　示范区一体化制度创新的组织方式

示范区不同于一般的城市功能区，其特点在于功能结构的特殊性和空间形态的特殊性。在功能结构上，主导功能是为长三角区域更高质量一体化发展起示范带头作用。由主导功能所决定，示范区的产业要融合发展并集群化，产业园区与居民社区融合发展并城市化，经济活动与社会活动相互融合并社区化。在空间形态上，示范区跨省级行政区划，但又不能变更行政区划，要在既定的行政区划条件下打破行政分割壁垒，创新构建一体化发展体制机制，由分割管理向一体化管理转型。因此，选择并建构科学的制度创新组织运行模式非常重要。

一、示范区一体化制度创新的组织平台

《总体方案》要求，示范区探索协同立法，创建高效协作的"理事

会—执委会"运行管理体制。按照《总体方案》，由两省一市联合成立一体化示范区理事会，作为一体化示范区建设重大事项的决策平台，研究确定一体化示范区发展规划、改革事项、支持政策，协调推进重大项目；由两省一市按照授权充分、精简高效的原则设立一体化示范区执行委员会，工作人员由两省一市共同选派或聘任，积极探索开放灵活、互联互通的干部选用和激励机制。瞄准"不破行政隶属、打破行政壁垒"的目标，创新机构组织方式和运作模式，形成理事会、执委会、发展公司、开发者联盟四位一体治理架构，以组织机构为突破口推进各项任务落地。

一是协力推进法治保障工作。两省一市人大协同立法，制定发布《两省一市人大关于促进和保障一体化示范区建设若干问题的决定》，明确赋予执委会跨区域项目审批权，先行启动区控详规划审批权等，保障示范区加大改革创新探索力度。为推动《决定》的落实，苏浙沪两省一市人大常委会开展联动执法检查，持续深化制度创新，联动、同步开展执法检查工作，形成从立法到监督的闭环。

二是构建职责清晰的"理事会＋执委会"框架。其中，理事会聚焦于示范区重大规划、重大改革、重大项目、重大政策，执委会推进示范区发展规划、制度创新、改革事项、重大项目、支持政策落地实施，推动先行启动区建设。示范区执委会与两区一县承担共同但有区别的责任，发挥"1+1+1>3"的催化剂作用。

三是以企业联盟为抓手建立政企对话平台。两省一市共同出资成立发展公司，负责基础开发、重大设施建设和功能设置等，更好地发挥市场配置资源的决定性作用。在示范区执委会统筹下，本着平等、自愿、互利、共赢的原则，由市场和社会专业机构为主体自愿发起成立示范区开发者联盟。该联盟集聚了有意愿、有能力参与示范区建设的各类市场主体，形成市场与政府之间对话新平台，充分体现业界共治理念。

四是出台共同支持一体化发展的政策。为实现共同发展目标，两省一市在充分调研基础上共同出台《关于支持示范区高质量发展的若干政策措施》，在改革赋权、财政金融支持、用地保障、新基建建设、公共服务共建共享、要素流动、管理和服务创新、组织保障 8 个方面提出具体政策措施。示范区执委会推进示范区发展规划、制度创新、改革事项、重大项目、支持政策落地实施，推动先行启动区建设。创新干部选聘管理机制。两省一市组织部门共同探索执委会全员聘任管理制度，实现"身份保留""档案接续"，基本建立执委会干部选聘制度，畅通了选聘干部"入口关"。推动落实选聘干部享受相关政策服务，形成市场化、差异化薪酬激励机制，激发干部工作热情。

在上述机构框架基础上，青浦、吴江、嘉善三地都建立了专门的管理机构，一方面对接示范区执委会做好相关工作的落实、加强三地的协同，另一方面指导和总结属地内的制度创新相关事项。在青浦、吴江、嘉善三地党委引领下，各部门的跨区域联动机制迅速建立起来。在示范区建设的大背景下，有些看似纯粹是行政区域内的事情，也带有为示范区探路的意味。例如，青浦区自 2020 年起探索在赵巷、徐泾、华新、重固、白鹤五镇联动发展，着力打破行政区划壁垒、推进联动发展，加快实现从镇域发展模式向区域发展模式转变。① 通过几年的探索实践，在突破利益边界、提升发展能级、优化产业结构、创新分享机制方面取得了一定的成效和经验，在一定意义上说，这种区内的联动发展实践也是在为示范区一体化发展探索经验。

二、示范区一体化制度创新的基本流程

示范区一体化制度创新是一个多主体、多主题、多层次、宽领域的交互性运行结构，加上兼有共时性和历时性的特点，使制度创新过程呈现出五彩斑斓的纷复局面，但是示范区的制度创新是有序的，具有内在的动力机制和管控机制。示范区内的制度创新有"点"式创新，即局部的、单项的机制和经验，如建立跨地区大桥时的属地化规划审批方式的突破；有"面"式创新，即制度创新具有一定的宽域性，比如说在青浦、吴江、嘉善全区县范围内进行的制度性实践探索；有"体"式创新，指示范区整体性的制度创新。但是它们往往是交互进行的。点上和面上的制度创新成果，经过认定确有创新性、科学性和普遍性价值都可以纳入到体式创新中，成为它的有机组成部分。

---

① 青浦区依托"1+5"战略平台（1 个决策平台和规划、资源、产业、功能、治理 5 大统筹平台），一是围绕顶层设计，强化制度创新，通过加强顶层架构及重点领域制度规则政策供给，提高政策统一性、规则一致性和执行协同性；二是围绕规划引领，强化一体谋划，以青浦区和各镇 2035 总规为基础，将青东五镇作为一个整体编制国土空间规划，打破以行政层级配置公共资源的方式，实现地区规划整合提升；三是围绕产业发展，强化分工协作，聚焦科创和商贸，统筹地产业战略布局、招商引资、项目准入等，持续推进区域经济联动协同发展；四是围绕人居品质，强化协同联治，推动城市品质、公共服务、生态环境等统筹提升。

局部的经验要上升为具有普遍约束力的制度成果，需要经过严格规范的程序。示范区从谋划、立项审批、规划、设计、建设实施、运营管理各阶段各方面深入剖析，提炼经验做法，为跨行政区治理和发展提供操作指南。以生态环境管理"三统一"制度为例，其工作流程包括：共谋一个项目，示范区内各行政主体在项目建设目标、建设重心、建设范围、建设时序等方面形成共识，会同示范区执委会形成跨域项目库；共建一批机制，对于跨域单体子项工程，各方分别立项、安排资金，由示范区执委会牵头确定主体实施责任方、开展相关联合审批；共绘一张蓝图，跨域项目各牵头单位开展联合规划编制，统筹空间布局、场地功能、建设时序，并确定统一的规划内容；共商一套标准，鼓励各牵头单位开展联合设计，保障各阶段设计内容的对接；共推一个计划，跨域单体子项工程由各牵头单位共商确定建设主体，统一建设时序、施工工艺、建设质量等，并开展联合验收；共管一个运维，跨域单体设施的维护和管理由执委会牵头商定责任方，其余各方作为委托方支付其行政区域内单体设施的维护费用和管理服务费等。（见图2-1）

三、示范区一体化制度创新的基本原则

制度创新过程的有序性，除了组织方式之外，还在于始终坚持"四个放在"①，并遵循如下原则：

---

① "四个放在"本来是习近平在上海任市委书记时提出来的，指把谋划发展放在中央对上海发展的战略定位上、放在经济全球化大背景下、放在全国发展大格局中、放在国家对长三角发展的总体部署中思考谋划。"四个放在"用在示范区的制度创新上也是适用的。

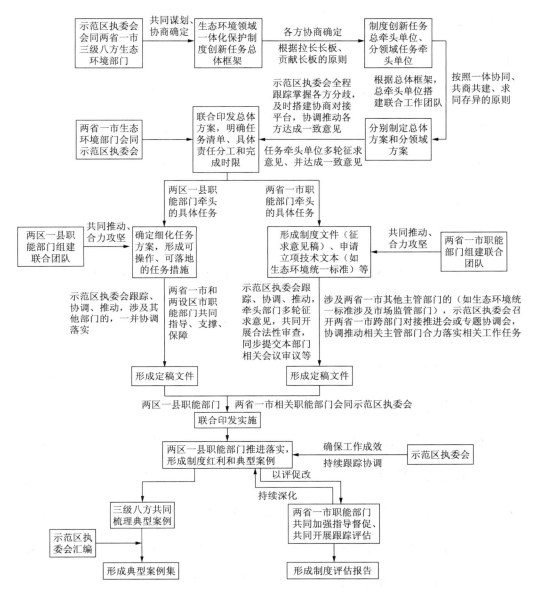

图 2-1　示范区生态环境一体化保护制度创新工作流程
（以生态环境管理"三统一"制度为例）

1. 政治性原则

一是坚持党的领导。坚持党的全面领导，是党和国家事业发展的根本政治保证。党的领导是全面的、系统的、整体的领导。示范区制度创新必须坚决维护党的核心和党中央权威，充分发挥党的领导的政治优势，把党和国家交付的各项任务和要求落到实处。同时，要善于发挥地方各级党组织和党员的作用，为制度创新提供坚强的组织保证、规则导引以及探索性实践的中坚力量。二是坚持习近平新时代中国特色社会主义思想为指导。示范区制度创新必须全面贯彻习近平新时代中国特色社会主义思想，全面落实习近平总书记对示范区的战略定位、使命托付和指示精神。

2. 人民性原则

社会主义生态文明建设既是人民的美丽家园建设，也是人民的美好生活建设。示范区制度创新必须自觉践行以人民为中心的发展思想，充分尊重人民的主体地位，发挥基层的首创精神，以维护好、实现好和发展好人民的根本利益为出发点和落脚点。

3. 系统性原则

在防治污染和保护生态环境的过程中，力求各种环境要素的共同改善、协调发展，实现生态环境整体改善。同时，要把生态环境问题的解决过程放到环境—经济—社会这个更大的系统中加以研究，从系统结构优化的角度来开展生态环境管理，发挥出更大、更好的系统整体环境效益。示范区制度创新过程还要保持制度系统内部在内容和节奏上的耦合。

4. 发展性原则

环境问题说到底是在发展中产生的，也应在发展中加以解决。建设社会主义生态文明就是走生产发展、生活富裕、生态良好的文明发展道路。必须有利于加快转变经济发展方式，推进绿色发展、循环发展、低碳发展，实现发展经济、改善民生、保护生态共赢。要密切关注科技进步，并用以推进经济革新和社会治理。

5. 适位性原则

完备的制度是构建生态治理体系、提升生态治理能力的基础。生态治理制度可分为元制度、基本制度、具体制度和操作规则四个层次。[①]示范区制度创新是生态治理制度体系内的创新，是肩负国家战略使命的创新，必须做到站位高、定位准、工位实，坚持上接天线、下接地气、左右贯通、内外沟通，严格遵守新时代社会主义生态文明的元制度和基本制度，充分尊重现行生态文明建设各项具体制度，同时又坚持问题导向、需求导向和项目导向，对制度缺漏、衔接需求、落实路径和与时俱进的完善要求保持高度的使命性敏感，特别重视制度补缺、制度衔接、制度集成和操作规则的完善。

6. 效能性原则

作为一体化制度创新的试验田，示范区的制度创新具有严格的质量要求和进度要求。制度成果首先要在本地区进行实践，因此具有直接的

[①] 元制度是指在宪法中确立生态治理的基本理念，明确生态治理的主体关系，推进生态治理的法治化；在政治制度中，将公开、透明等基本原则运用于生态治理中，将公共选择和民主监督等机制运用于生态治理制度中，确立对公民负责和以公民满意为主旨的生态治理制度原则。基本制度是指完善环境基本立法，明确生态治理中政府的权责、基本职能、管理体制等事项，划分横向政府部门间的生态治理责任，厘清中央与地方政府间生态治理的财权和事权。具体制度是指建立涵盖大气、水、土壤、生物等领域的环境标准制度、资源规划制度、监测和报告制度、目标责任与考核制度、环境影响评价制度等内容。操作规则是生态治理制度最基本的单元，是具体工作领域中确立的基本工作规范和行为原则。（参见王猛：《构建现代生态环境治理体系》，《中国社会科学报》2015 年 7 月版。）

现实性特点，能否通过制度创新解决跨界差异和问题是最现实的考验。示范区还要把比较成熟的经验和做法进行推广复制，因而也在更大范围内审视其制度创新成果的含金量。

第二节　示范区一体化制度创新的核心议题

《总体方案》第四部分（即率先探索区域生态绿色一体化发展制度创新）强调："示范区应聚焦规划管理、生态保护、土地管理、要素流动、财税分享、公共服务、信用管理等方面，建立有效管用的一体化发展新机制，为长三角地区全面深化改革、实现高质量一体化发展提供示范。"这些内容连同构建跨区域一体化治理平台和制度创新组织模式一起，构成了一体化制度创新的核心议题。

一、着力构建跨区域治理平台，形成一体化制度创新组织模式

一体化示范区的体制机制本身就是一个制度创新，而且是决定整个制度创新效能的基础性创新。它采用"理事会＋执委会＋发展公司"三层次架构，形成"业界共治＋机构法定＋市场运作"治理格局。具有三个特点：一是三地联合，业界共治。两省一市联合成立一体化示范区理事会，理事会由两省一市相关政府部门和示范区属地政府组成，突出政府作用和属地责任；同时，为充分吸纳社会建议，理事会邀请了知名企业家和智库代表作为理事会特邀成员，发挥类似公司独立董事的作用，为一体化示范区建设贡献智慧力量。二是三地轮值，统一决策。一体化示范区理事会的理事长由两省一市常务副省（市）长轮值，理事会作为

一体化示范区建设重要事项的决策平台，研究确定一体化示范区发展规划、改革事项、支持政策，协调推进重大项目。理事会定期召开工作会议，保障一体化示范区建设有序推进。三是授权充分、精简高效。理事会下设一体化示范区建设执行委员会，作为一体化示范区开发建设管理机构。执委会负责一体化示范区发展规划、制度创新、改革事项、重大项目、支持政策的具体实施，重点推动先行启动区相关功能建设。不同于"强协调、强审批"的开发区管委会模式以及"弱协调、弱审批"的跨域项目领导小组模式，示范区采取了"强协调、弱审批"的运作模式来实现"不破行政隶属、打破行政边界"的目标。"强协调、弱审批"使得理事会与执委会一方面可以把精力聚焦在跨域协调工作上，防止机构规模低效率膨胀，另一方面也避免了执委会与区域内现有的地方政府产生利益冲突，是一种统筹协调跨域利益的高效模式。这种模式充分发挥了理事会的重要决策平台作用以及执委会在利益协调过程中的牵头作用，较好解决了跨域治理中多头决策"各扫门前雪"与"九龙治水"导致的协调效率低下问题。在"强协调、弱审批"的运作模式下，示范区执委会建立了上接天线、下接地气的工作网络，承上启下、沟通内外、协调左右，理事会成员单位各尽其责、凝聚合力，共同推进示范区建设。①

---

① 例如，在示范区执委会统筹指导下，市场主体和社会专业机构本着平等、自愿、互利、共赢的原则建立了联盟组织—开发者联盟。该联盟不通过管委会或开发公司等传统形式招商引资，而是通过"入盟"让企业、高校、研究院等不同性质单位来到同一平台，各展所长，共享资源，共同开发示范区。

二、着力突破跨区域治理障碍，形成一体化生态治理制度体系

示范区聚焦迫切需要突破的基础性制度和关键性领域，自上而下、从无到有、由易及难，率先探索跨省域共商、共建、共管、共享、共赢的区域一体化发展新制度，形成体系化、全链条、规范化的管理制度和工作机制。

（一）基本形成跨省域统一编制、联合报批、共同实施的国土空间规划管理体系，实现"一张蓝图管全域、一套标准管品质"

为发挥规划对一体化发展的引领作用，示范区构建跨区域一体多类规划协同的"1+1+N+X"国土空间规划体系①，形成跨省域统一编制、统一审批的编审体系。制定跨省域国土空间规划编制指导手册，明确规划组织编制、协商机制、审批机制以及编制要点等，对示范区国土空间规划编制提出全方位要求，进行全过程指导。② 建立启动区跨省域统一规划建设标准体系。制定示范区先行启动区规划建设导则，形成国内首部跨省域范围

---

① "1"个总体规划——示范区国土空间总体规划，上海、江苏、浙江两省一市共同编制、共同报批、联合发布，打造共同编制跨省域法定空间规划的新样板。"1"个单元规划——先行启动区国土空间总体规划，由示范区执委会会同青浦、吴江、嘉善两区一县共同编制，两省一市人民政府联合审批，真正实现建设用地总量"减量化"。"N"个专项规划，聚焦生态环境、产业发展、供排水、水利、文旅等领域，两省一市行业部门共同牵头编制，求同存异、共同推进，形成专项规划跨省域"一盘棋"实施。"X"个控制性详细规划，由两区一县规划资源部门会同属地镇政府联合组织规划编制，示范区执委会联合控详规划范围涉及区县人民政府联合审批，保障"一张蓝图"高水平实施。

② 执委会联合两区一县人民政府共同组建了示范区规划委员会，并制定了示范区规划委员会章程，规范议事方式，完善规划决策机制，提高议事效率和决策科学性。制定示范区先行启动区控详规划编制审批操作手册，创新先行启动区控制性详细规划联合编制审批运行机制。

规划建设标准，实现一套标准管品质。坚持规划标准"就高不就低"，统一先行启动区规划标准；实行底线管控、弹性发展结合的"刚弹"两级管控规则等，构建"水、林、田、镇、村"全域全要素综合管控体系。

（二）初步建成生态环境共保联治体系，环境目标、标准、监测、执法、应急高度协同

统一重点跨界水体环境要素功能目标。强化太浦河沿线水源地安全保障，沪苏浙扩大各自一级、二级水源保护区或准保护区，实现水源保护区边界相互衔接、覆盖范围更完整，外围安全保障更有力。建立跨省域生态环境调查评估机制，分析共保联治成效，诊断问题，提出对策。建立生态环境标准、监测、执法"三统一"制度。在国内首创跨省域生态环境标准"统一立项、统一编制、统一审查、统一发布"流程。环境监测编织"一张网"，对大气环境质量、水环境质量、固定排污口、移动污染源等开展联合监测和治理；在联合监测基础上实现环境污染预警联动、应急联动。环境执法做到"一把尺"，统一指挥调度，统一队伍建设，统一检查程序，统一执法力度，统一自由裁量，实现执法结果互认。首创联合河湖长制，"联合巡河、联合治理、联合养护、联合执法、联合监测"机制实现常态化。环评实现"放管服"改革成果集成。两省一市实现环评"正面清单"互认，在审批时间、费用方面切实为企业减负。

三、着力打造"两山理论"样板区，构筑绿色创新发展新高地

打造绿色创新发展新高地是示范区一体化高质量发展的重大任务。示范区把保护和修复生态环境摆在优先位置，积极探索生态友好型高质量发展新模式，为长三角践行"绿水青山就是金山银山"理念探索路径和提供示范。

（一）形成跨区域共同促进绿色发展，共同维护生态环境的制度框架和政策体系，生态环境持续改善，生态效益持续扩大

重点跨界水体沿岸绿色生态廊道基本打通，太浦河 22 千米生态绿廊先导段全面建成，跨界共治一方水土彰显典范。自示范区成立以来，区内地表水环境质量状况显著改善，主要河湖水体水功能区水质情况也大幅改善。示范区的空气质量指数（AQI）优良率也呈现较为显著的上升态势。[①] 在环境土地绿化质量方面也明显改善。2021 年青浦、吴江、嘉善的绿化覆盖率分别达到 43.8%、41.8%、43.80%。（注：《总体方案》的要求是到 2025 年绿化覆盖率要达到 42% 以上。）

（二）坚持制度创新和项目建设"双轮驱动"，不断夯实绿色发展的产业基础

加快构筑以创新为主要动力、以绿色生态为鲜明特质的一体化经济体系，经济效益日趋凸显。经济规模实现新跨越。2019 年到 2021 年，GDP 年均增长 7.4%，规模以上工业总产值年均增长 10.9%，经济总量和工业总产值增幅明显高于周边地区。项目建设取得新成效。示范区加强招商引资，加快推进重点项目落地，仅 2021 年落地项目就达 281

---

① 2021 年示范区 AQI 优良率较 2019 年上升 9 个百分点；2020 年 AQI 优良率较 2019 年上升 12 个百分点。各主要污染物评价指标也均呈现逐年改善的态势。2019 年和 2020 年臭氧日最大 8 小时平均第 90 百分位数浓度达到国家环境空气质量二级标准；一氧化碳 24 小时平均第 95 百分位数浓度则均达到国家环境空气质量一级标准。

个，亿元以上项目达 132 个，占比高达 47%。其中，在生态环保、互联互通、创新发展和公共服务四大领域，形成重大项目 65 个，为示范区乃至长三角高质量发展注入新的动能。金融发展呈现新局面。2020 年，首家冠以"长三角一体化示范区"的园区——长三角一体化示范区（上海）金融产业园成立，集聚金融机构 155 家，基金管理规模突破 1500 亿。科技创新跃上新能级。2019 年到 2021 年全社会研发投入占 GDP 比重提升 0.7 个百分点，2021 年高新技术企业数量比上一年增加 31.5%，达到 2411 家。华为、英诺赛科、格科微电子等一大批细分领域的头部企业纷纷落户，长三角可持续发展研究院、复旦大学创新学院、浙江大学智慧绿洲、苏州大学未来校区等科创机构先后进驻，示范区正在成为攻坚突破关键核心技术的区域创新高地。

（三）初步建成跨省域碳达峰碳中和一体化实施机制，示范引领实现双碳目标更有效落地落实

在"双碳"[①]目标背景下，示范区主动承担责任，以"双碳"目标倒逼制度创新，探索构建"协同达峰、合作中和"的跨区域碳达峰、碳中和一体化创新机制。制定示范区碳达峰碳中和工作指导意见，明确示范区碳达峰碳中和总体目标、碳排放碳汇一体化核算、评估考核体系，

---

① 习近平总书记在第七十五届联合国大会一般性辩论上宣布，"中国将提高国家自主贡献力度，采取更加有力的政策和措施，二氧化碳排放力争于 2030 年前达到峰值，努力争取 2060 年前实现碳中和"。探索绿色低碳循环可持续发展的使命，引领碳达峰、碳中和行动，既是实现联合国 2030 可持续发展的目标的需求，也是实现长三角高质量发展的基本诉求。打造绿色创新发展新高地，是示范区一体化高质量发展的重大任务。

构建绿色低碳创新产业、绿色低碳现代能源、绿色宜居低碳建筑六大体系，实现双碳标准统一和制度集成。研究制定示范区碳达峰实施方案，提出到2025年能耗强度和碳排放强度"双降"目标，部署重点片区集中引领、重点领域分类示范、绿色低碳政策赋能、绿色低碳技术支撑等四大行动，加快打造一批绿色低碳示范园区和项目，形成示范引领效应。编制形成"水乡客厅"近零碳专项规划，率先探索零碳导向下的水乡客厅绿色发展路径。提出独具特色的近零碳"单元—子单元—地块"三级管控体系。构建以源头减量、循环再用、生态提升为核心的近零碳绿色技术体系，提出各重点领域适宜试点的先进项目与技术方案。协同探索"跨域共治、低碳韧性、智慧共赢"的近零碳转型发展新模式，为长三角碳达峰、碳中和提供可复制可推广的经验。

四、着力培育跨域市场体系，促进一体化要素资源优化配置

区域市场一体化是全国统一大市场的重要基础。示范区自成立以来着力于培育不被行政关系和垄断力量扭曲的区域共同市场，使区域内真正的市场主体进行充分的、有效的、公平的市场竞争，目前已经取得阶段性成果。

（一）推行项目跨域协作一体化制度

示范区已形成统一的企业投资项目核准目录、统一的产业发展指导目录、统一的先行启动区产业准入标准，出台跨区域企业投资项目管理办法，建立了投资项目在线审批监管平台，发布了重大建设项目三年行动计划（2021—2023年），推进跨省域高新技术产业开发区建设，加快探索生态友好型高质量发展新模式。

（二）推行财税跨域分享共享机制

财税分享、共享是区域协同发展的重要基础，也是促进各方形成合力持续推动示范区发展的重要保障。示范区实现涉税事项跨区通办，推动建立先行启动区财政专项资金，制定跨区域财税分享实施方案（试行），并按照"增量起步、资本纽带、要素分享、动态调整"原则，在水乡客厅开发建设、跨区域协同招商、跨区域企业迁移等方面明确了财税分享路径。

（三）以统一标准实现市场监管一体化

标准化是区域一体化发展的题中之义。示范区印发统一的标准管理办法，创新性提出示范区标准清单管理制度，统一企业经营许可、资质互认制度，形成企业统一登记标准、统一办理流程和统一办理模式。此外，还推动市场监管制度一体化集成，建立示范区市场监管专项协调机制，深化示范区商事制度改革。

（四）"跨省通办"实现政务服务便利化

在统一政务服务标准基础上，示范区还进一步探索"跨省通办"综合受理服务机制，政务服务形成"就近办、网上办、自助办"通办模式，依托电子税务局建设实现涉税事项跨区域通办，跨省（市）涉税业务报验、房产土地税源管理等涉税业务全程网上办理。①

---

① 建设智慧办税服务厅，已办理"全程网上办"业务 5.4 万余笔，已为 2 万多位纳税人提供个性化服务；两区一县已发放长三角科技创新券 4580 万元并实现跨省域通用通兑，有力支持企业创新；通过开展知识产权跨省域联合保护，示范区 2021 年专利授权量达 3.6 万余件，比 2019 年翻了一番。

（五）以信用管理一体化提升市场服务效能

示范区是信用长三角合作的重要承载地和试验区，不断推动形成统一的公共信用管理制度。已出台公共信用信息归集标准和公共信用报告标准，并依托公共信用综合管理平台，实现了示范区企业公共信用信息的共享交换，加速了"信用＋审批""信用＋金融"等应用落地。在此基础上，示范区积极推进金融同城化，相继出台了"示范区金融16条"与"金融同城化建设指引"。① 通过一体化制度创新来实现资本、人才与信息的跨域自由流动，极大降低了企业进入示范区从事商业活动的成本，刺激了示范区企业的创业、投资与创新。②

（六）建立跨区域人力资源共育共享机制

技术进步是经济长期增长的重要动力源泉，而人力资本，特别是高技能人才是驱动技术进步的关键因素。示范区在以制度创新整合区域间人才资源，优化人才成长环境，促进区域高质量发展上成效显著。

---

① 一体化在线审批监管平台。长新公司在申请"一点、三园、一心"及蓝环项目预审批时，运用示范区新搭建的投资项目在线审批监管平台，大大便利了项目申报人员的工作，为企业节省了不少通勤成本。而得益于示范区前期统一公共信用数据归集和公共信用报告的工作，这一平台系统融合了三地的公共信用信息。在看到公司申报记录后，平台审批人员可以直接调用查看公司的示范区公共信用报告，评判企业公共信用状况，从而加快审批进度。

② 示范区不同类型企业的新增数目均明显增加；对企业投资展示了强劲的吸引力，示范区内新增高新技术企业数目也在示范区成立后呈现大幅增长态势。对企业不断增强的吸引力也可以从利用外资总额与外贸总额上反映出来。合同外资和实到外资比2018年分别增长约93.89%和38.34%，反映出示范区对外资较为强劲的吸引力。示范区对外贸易情况也持续向好；示范区2021年外贸进出口总额较2018年和2019年分别增长26.42%和26.49%；全年出口总额突破千亿元大关，比2018年增长近三分之一。

一是建立人才跨域协同发展机制。探索增强区域人才吸引力以及不破行政隶属但打破行政壁垒的人才跨域流动制度创新，编制实施人才发展"十四五"规划。三地都设立了人才发展专项资金。党政人才、企业经营管理人才、专业技术人才、高技能人才、农村实用人才、社会工作人才等各类人才队伍规模持续扩大，人才总量稳步增长。以人才规划为引领，实现职业资格、职称和继续教育学时三个方面的互认。[①] 此外，执委会还联合两省一市科技部门相继发布外国高端人才和外国专业人才工作许可互认实施方案，并简化其申请在华永久居留的程序，为吸引国际性人才提供了巨大便利。[②]

二是探索创新资源跨域流动机制。示范区把握科技创新券跨域自由流通的大方向，积极开展长三角科技创新券通用通兑试点。该券最大的特点是把上海、江苏、浙江、安徽四地各自区域内的优秀创新资源导入同一平台，使四地的企业能够面向长三角三省一市购买科技创新服务。

---

① 一家从浙江到上海青浦发展的企业负责人回忆了示范区成立之前所遇到的困境。当时公司内许多二级建造师在随公司分部转移时遇到职称不互认问题，所有建造师都需要到上海经过复审、复评一系列流程才能注册，非常"头疼"。而现在只要让建造师到示范区属地省级主管部门备案，就可以执业，一些老员工不用再为跨区调动烦恼，从异地招聘人才也不再遇到审批上的麻烦，这给企业人员调动和跨区招聘都带来了便利。

② 人才资格互认能够降低劳动者空间转移的成本，有利于人力资本的流动。同时，人才联合培养与评审能够促进人才引进和人力资本积累。这两方面举措都有利于示范区获得高技能人力资本，促进信息与知识溢出，催生技术创新，助力高质量发展。示范区推行的人才协同发展机制显著促进了外国人才的流动。近年来企业有8位日本专家，跟随企业的研发部门迁移到了嘉善。其中2位可认定为外国高端人才（A类），6位可认定为外国专业人才（B类），他们都在示范区外国人工作居留"单一窗口"办理了并联业务，6天就拿到了工作许可和居留许可两张证件。

这是示范区帮助企业吸引高科技人才的一次新探索，对于企业智能化技术改造与核心技术攻关，实现以科技推动创新、以创新促进发展，优化科技资源配置有重要作用。

五、着力提升跨域公共服务能级，推动一体化共同富裕进程

提升优质服务供给、促进基本公共服务均等化是缩小城乡差距、解决区域间发展不均衡、实现共同富裕的重要途径。示范区瞄准人民群众所忧所急所盼，集中精力解决跨区域公共服务障碍，完善公共服务共建共享机制，深化重点领域合作，取得阶段性成果。

（一）以清单制推动区域共建共享

示范区提升区域基本公共服务标准并加强制度衔接。以国家基本公共服务项目清单及两省一市清单为基础，加强清单内项目、标准、制度的对接和统筹，结合清单动态调整，选取若干项目试点实行统一标准。为此，示范区基于"突出共建共享"原则，先后出台两批《长三角一体化示范区共建共享公共服务项目清单》，涉及9个领域，共33个项目，全方位持续推进跨区域公共服务标准的统一和资源的共享，形成了属地政府保基本民生、执委会牵头彰显一体化高质量底色的格局。以居民诉求为基准，示范区着力解决居民普遍需求，实现公共服务便利共享。①

---

① 具体而言，在交通方面，打通省际"断头路"，建设跨域公交联运机制，使居民出行更便捷；在医疗方面，推行异地就医免备案、"医保电子凭证一码通"、医疗机构检验检查报告互认互联互通等制度，减少居民跨域就医所办理的手续数量；在政务服务方面，实现"一网通办"多渠道办理业务、打通异地不动产登记服务。

（二）以资源整合推动公共服务一体化便利化

示范区探索区域公共服务便捷共享的制度安排，实行不受行政区划和户籍身份限制的公共服务政策。一方面，通过医疗保障同城化、教师一体化培养等工作机制，将长三角地区的优质医疗资源、教育资源等下沉到各个区县，扩大了公共服务资源的利用范围，提高了优质资源利用的边际收益，提升了本地的公共服务质量和居民幸福感；另一方面，打造一系列公共服务资源的一体化项目，比如职业教育一体化、跨域旅游联动、以社保卡为载体的居民服务"一卡通"等，打破区域间的行政壁垒，统一建设公共服务项目，为资源跨域流动搭建平台。①

（三）打造长三角旅游文化品牌

统一示范区旅游形象识别符号、统筹有信息发布渠道、统建智慧旅游服务平台，持续高水平建设示范区江南水乡古镇生态文化旅游圈。推出跨省公交联运机制，统一规划、联合实施，为示范区居民出行提供便利。以社保卡为载体建立居民服务"一卡通"，实现社保卡图书通借通还"零门槛"、公交乘车出行"无边界"、旅游观光优惠待遇"同城化"

---

① 打造医保"一卡通"2.0版，推动区域就医免备案、经办服务一站式、电子凭证一码通、结算项目广覆盖、异地审核协同化。推动示范区职业学校在跨省招生入学、学籍管理、教学实施、就业升学等方面一体化运行。示范区探索建立共建共享的公共服务体系，公共服务跨区域共享水平和便捷度大幅提升。"跨省通办"业务稳步推进，综合窗口已实现个体工商户开业、社保卡补换卡、企业档案查询等一大批服务事项异地办结。跨省域公交联运持续优化，新开8条、延伸27条跨省公交线路，完成长途票到公交票的票价调整。示范区2021年中高职一体化招生推出22个优势专业、291个跨省学额。

等多种功能，并不断提高制度创新的惠及面和保障度。

第三节　示范区一体化制度创新的运行效能

三年来，在推动长三角一体化发展领导小组办公室和国家部委指导下，在两省一市领导和理事会理事长带领下，示范区执委会会同两区一县、三级八方，扎实推进各项工作，三年累计制度创新成果112项，其中38项已面向全国复制推广；持续推进108个重点项目建设，沪苏嘉城际、水乡客厅等重大工程开工建设；示范区开发者联盟朋友圈不断扩大，已集聚53家高能级主体，为示范区建设持续赋能。

一、制度生成进度

前两年重在布局和拓荒，取得了73项制度成果；第三年又在重点难点领域聚力攻坚，推出39项新成果。任务落实内容和进度上较好匹配了《总体方案》中的要求。（见表2-1）同时，跨域治理的制度框架已经逐渐成型，跨域一体获得突破性进展。

二、问题解决进度

示范区制度建设紧扣"一体化"和"高质量"两个关键词，坚持可操作、可落实、可监督、可评估，每项制度都要务实求效。以第三年制度创新为例。

在规划管理领域，新增3项成果，着眼于世界级水乡客厅建设，出台水乡客厅近零碳专项规划、水乡客厅一体化管理运营规范等成果，为打造长三角功能样板区提供高水平规划支撑。

表2-1　对照《总体方案》示范区出台相关制度情况

《总体方案》要求	示范区对《总体方案》的落实进度		
	2019年11月—2020年10月	2020年11月—2021年10月	2021年11月—2022年10月
1. 探索建立统一编制、联合报批、共同实施的规划管理体制	（1）示范区国土空间规划（2413平方千米一张蓝图）； （2）跨省域国土空间规划编制手册； （3）示范区专项规划（水利、生态环境、综合交通、文化旅游、排供水、产业发展）	（1）示范区先行启动区国土空间总体规划； （2）示范区先行启动区的规划统一的规划建设导则； （3）示范区先行启动区控制性详细规划联合编制审批运行机制； （4）示范区生态环境、水利、供排水（雨污水）、产业发展、文化旅游专项规划； （5）水乡客厅规划设计一张图	（1）水乡客厅近零碳专项规划； （2）水乡客厅一体化管理运营规范； （3）示范区一体化地信数据标准规范
2. 探索统一的生态环境保护制度	（1）生态环境标准、环境监测监控体系、环境监管执法"三统一"制度； （2）示范区重点跨界水体保护专项方案； （3）跨界水体生态修复与岸线贯通工程一体化实施指导意见	（1）跨界水体生态修复和功能提升工程一体化实施标准； （2）示范区"一河三湖"环境要素功能目标、污染防治机制及评估考核报告； （3）示范区环评制度改革集成； （4）生态环境、监测、执法"三统一"实施机制； （5）示范区重点跨界水体联保专项行动深化机制	（1）示范区跨界饮用水水源地共同决策、联合保护和一体化管控机制； （2）示范区建立健全生态产品价值实现机制实施方案； （3）示范区生态环境评估指标体系； （4）示范区生态环境第三方治理服务平台
3. 探索跨区域统筹土地指标、盘活存量空间资源的土地管理机制	示范区存量土地盘活工作方案	（1）示范区建设用地机动指标统筹使用机制； （2）示范区不动产登记"跨省通办"工作机制	水乡客厅规划土地总控和土地会商机制

续表

《总体方案》要求	示范区对《总体方案》的落实进度		
	2019年11月—2020年10月	2020年11月—2021年10月	2021年11月—2022年10月
4. 探索项目跨区域一体化管理服务机制	（1）统一的企业投资项目核算目录； （2）统一的产业发展指导目录； （3）统一的先行启动区产业准入标准	（1）示范区重大建设项目三年行动计划（2021—2023年）； （2）示范区跨区域企业投资项目管理办法； （3）示范区投资项目在线审批监管平台	示范区先行启动区跨区域政府性投资项目审批操作办法
5. 探索促进各类要素自由流动的制度安排	（1）示范区外国人工作许可证（A类）跨区域认证； （2）示范区海外人才居住证制度一体化机制； （3）示范区专业技术人才资格和继续教育学时互认； （4）统一的企业登记条件、程序、方式等标准规范，统一企业经营许可、资质互认制度； （5）示范区金融服务同城化体制机制	（1）示范区数字人民币跨区域试点工作； （2）示范区"跨省通办"综合受理服务机制； （3）示范区人才发展"十四五"规划及实施； （4）示范区标准一体化管理办法； （5）示范区绿色金融发展实施方案； （6）示范区人才联合激励计划； （7）示范区职称联合评定机制； （8）示范区市场监管一体化制度集成创新； （9）示范区知识产权跨区域联保共治和服务管理一体化机制； （10）长三角科技创新券通用通兑试点； （11）示范区知识创新型总部聚集区建设方案； （12）示范区银行业金融机构同城化建设指引（试行）； （13）一体化示范区专业技术人员职业资格互认实施细则	（1）示范区加快数字经济发展推进先行先试的若干举措； （2）促进示范区人才建设的若干意见； （3）示范区政府采购管理改革试点实施方案； （4）示范区产业链强链补链实施意见； （5）示范区科创金融发展实施意见； （6）示范区绿色认证先行区建设实施方案； （7）示范区知识产权保护联动协作办法； （8）示范区"外国人来华工作、居留许可单一窗口"服务规范； （9）示范区绿色保险实施方案； （10）示范区区域营商环境评估试点

续表

《总体方案》要求	示范区对《总体方案》的落实进度		
	2019年11月—2020年10月	2020年11月—2021年10月	2021年11月—2022年10月
6. 探索跨区域投入共担、利益共享的财税分享管理制度	（1）示范区先行启动财政专项资金； （2）长三角一体化电子税务局建设； （3）示范区涉税事项跨区通办	（1）示范区跨区域财税分享实施方案（试行）； （2）示范区智慧财税机制	水乡客厅共同账户管理办法
7. 探索共建共享的公共服务政策	（1）示范区公共服务共建共享机制； （2）示范区卫生监督三地联动执法机制； （3）示范区职业教育一体化工作机制； （4）示范区旅游公共服务一体化机制； （5）跨区域古镇群落联动发展机制； （6）跨省域公交联运机制； （7）示范区医疗保障同城化机制	（1）示范区公共服务共建共享机制； （2）示范区以社保卡为载体的居民服务"一卡通"； （3）示范区教师一体化培养机制； （4）示范区医保公共服务便利共享工作机制； （5）示范区医疗机构检验检查报告互联互通互认工作机制	（1）示范区第三批公共服务共建共享清单； （2）示范区跨省域妇产科医联体建设方案； （3）示范区江南水乡古镇生态文化旅游圈建设一体化推进机制； （4）一体化示范区文旅服务智慧平台（集成体系）； （5）示范区旅游服务中心导则； （6）示范区绿色旅游管理规范； （7）示范区跨区域联合办赛机制； （8）示范区跨省域美丽乡村风景线建设机制

续表

《总体方案》要求	示范区对《总体方案》的落实进度		
	2019年11月—2020年10月	2020年11月—2021年10月	2021年11月—2022年10月
8. 建立统一的公共信用管理制度	（1）统一的公共信用数据归集标准；（2）统一的公共信用报告制度	示范区公共信用一体化建设	（1）E金融·长三角一体化示范区信贷易贷服务平台；（2）示范区企业信用应用综合评价实施意见
9. 加强组织领导和统筹协调	（1）示范区理事会、执委会运行机制；（2）示范区开发者联盟；（3）两省一市人大关于促进和保障一体化示范区建设若干问题的决定；（4）两省一市共同支持一体化示范区高质量发展政策；（5）示范区大数据治理平台	（1）水乡客厅开发管理体制机制；（2）两省一市人大联动执法检查机制；（3）示范区统一的数字底座（智慧大脑）；（4）示范区执委会干部管理模式创新；（5）示范区执委会党建工作机制	（1）两省一市政府支持示范区高质量发展的第二批政策措施；（2）示范区跨省域合资公司国资与考核监管新模式；（3）示范区跨省域数据互联共享办法；（4）示范区行政执法协同机制；（5）示范区统一规范行政执法自由裁量权行驶机制；（6）示范区共同富裕实施方案
10. 探索具有示范性、引领性的碳达峰碳中和一体化制度、政策、技术和项目	无	示范区碳达峰碳中和工作指导意见	示范区碳达峰实施方案

在生态环保领域，新增 4 项成果，制定印发示范区生态产品价值实现机制实施方案，加快推动生态优势转化为经济社会发展优势。针对省界毗邻地区生态环境保护协作难题，建立示范区跨界饮用水水源地共同决策、联合保护和一体管控机制，实现饮用水水源地协同保护治理。针对生态环境市场化治理薄弱环节，上线运行示范区生态环境第三方治理服务平台，实现市场化服务高效集成。

在碳达峰碳中和领域，推出 2 项成果，在示范区碳达峰碳中和工作指导意见基础上，出台示范区碳达峰实施方案，打造一批绿色低碳示范片区和项目，积极探索"协同达峰、合作中和"有效路径。

在共同富裕领域，推出 1 项成果，出台示范区共同富裕实施方案，推动示范区从公共服务领域"分散式"跨域合作，走向更加系统全面的整体谋划和一体推进，为推进共同富裕提供跨省域实践范例。

在项目管理领域，新增 1 项成果，聚焦跨区域政府性项目审批难题，用好国家发改委支持示范区设立的投资项目在线审批监管平台，出台先行启动区跨区域政府性投资项目审批操作办法，规范和优化审批环节，加快助推跨域项目落地实施。

在要素流动领域，新增 11 项成果，出台示范区人才建设若干意见、产业链强链补链实施意见，推出加快数字经济发展、科创金融、绿色保险、知识产权保护、绿色认证等"一揽子"举措，让人才、数据、资金、知识等要素更加畅通流动。

在土地管理、财税分享、公共服务、信用管理、体制机制等领域，新增 17 项成果，进一步提升群众获得感和幸福感，帮助企业解决了实际难题。① 示范区制度创新度、项目显示度和民生感受度不断提升，三地高质量发展动能活力持续迸发，一体化制度红利惠及更多市场主体和人民群众，示范区高质量一体化发展呈现出崭新面貌。

三、制度推广进度

示范区制度创新"种子"在更大范围落地生根、开花结果。在国家长三办推动下，示范区先后已有两批共 38 项制度创新经验面向长三角和全国其他重点地区复制推广，第三批复制推广成果清单正在制订中。

这些创新成果为长三角一体化高质量发展示范探路，已有 25 项制度在长三角地区复制推广。在统一项目管理领域，长三角 G60 科创走廊、苏皖合作区等复制跨区域空间规划专项规划编制方法。在联合生态保护方面，南京都市圈、苏皖交界 12 城、嘉定—昆山—太仓等借鉴生态环境标准、环境监测监控体系、环境监管执法"三统一"制度和联合河湖长制度。在要素自由流动领域，金山—嘉善—平湖、嘉定—昆山—太仓等复制了协同创新机制、人才协同发展机制、金融服务同城化体制机制等。在协同公共服务政策方面，苏皖合作区、嘉兴—湖州与嘉湖一体化合作先行区借鉴了医疗保障同城化、清单制推进公共服务共建共

---

① 比如，建立水乡客厅跨域土地联动管理总控和会商机制，为水乡客厅项目提供土地保障；着力破解财税分享难题，建立跨区域"共同账"管理工作机制；制定出台示范区第三批公共服务项目清单，三年共实现 45 个公共服务项目共建共享，进一步提升群众获得感和幸福感；上线运行 E 企融信易贷服务平台，完成授信累计 25.9 亿元，帮助一大批企业解决了融资难题。

享、教师一体化培养等机制。

这些创新成果还在全国其他区域得到了比较广泛的复制推广。例如，北京通州与河北"北三县"、粤港澳地区珠江口借鉴了"理事会＋执委会"跨省域管理模式。淮海经济区复制了生态环境联防联控工作机制和协同公共服务政策。成渝双城经济圈借鉴生态环境联保共治、人才互认共享、公共服务一体化等机制。

示范区的三年实践，符合示范区的核心使命、战略定位和目标要求，为全面实现到2025年和2035年的"两步走"发展目标奠定了坚实的基础，展示了广阔的发展前景。

第三章

示范区一体化生态环境治理制度创新

由于各省在生态环境保护方面标准、政策、重点各不相同，跨省域地区生态治理往往不能形成合力，最终影响治理成效。为破解这一难题，充分调动上下游、左右岸协同治理积极性，提升区域生态环境治理体系和治理能力现代化，示范区执委会坚持求同存异，暂时搁置难以统一的客观差距，不断放大三地共同目标，形成统一的工作方案；坚持各扬所长，结合三地生态环境整治基础和经验，充分发挥各自优势、调动各方积极性，推进生态保护各项工作落地见效；坚持统分结合，建立"行业部门牵头＋执委会协调重点矛盾"模式①，相继建立"三统一"制度、制定跨界水体联保方案、出台符合本地实际的岸线综合整治指导意见等，探索创建了"三地共治一方水"的一体化治理模式，实现从分段分界各自治理走向流域一体化治理。

---

① 两省一市职能部门牵头组建联合团队，对各地实际情况开展细致梳理并做差异性分析，逐步形成统一意见。例如，上海市生态环境局牵头完成重点跨界水体联保方案编制、征询、修改答复、联合发文等事项；示范区执委会重点协调各有关单位责任，细化各项机制推进内容和计划、协调解决重点矛盾。为化解太浦河功能定位、重金属锑等特征污染物监测预警等重点矛盾，召开多次专题讨论会，协调各方面诉求，逐步形成统一意见。

第一节　示范区环境管理"三统一"制度

《总体方案》明确提出要加快建立生态环境标准统一、环境监测统一、环境监管执法统一的"三统一"制度。2020 年 10 月，上海市、江苏省、浙江省两省一市生态环境厅（局）会同示范区执委会正式印发《长三角生态绿色一体化发展示范区生态环境管理"三统一"制度建设行动方案》（以下简称《行动方案》），为实施跨区域生态环境一体化管理的制度创新迈出了坚实的一步。

一、落实《行动方案》

（一）实施情况

《行动方案》提出以"一套标准"规范生态环境管理、以"一张网"统一生态环境科学监测和评估、以"一把尺"实施生态环境有效监管，并明确 56 项具体任务。56 项具体任务目前均已落实，其中 44 项阶段性任务已完成，另 12 项长期任务正在实施中。

1."一套标准"

2021 年 9 月，两省一市市场监管部门与示范区执委会联合印发《长三角一体化生态绿色一体化发展示范区标准管理办法》，首创跨省域统一立项、统一编制、统一审查、统一发布的"四统一"工作机制，首批 3 项示范区生态环境技术规范于 2021 年 3 月发布，确定了制药、汽车维修、固定式内燃机等多个行业生态环保标准。

2. "一张网"

率先建立"1+7"的示范区生态环境监测统一网络建设体系，共同制定示范区大气监测超级站运行管理、示范区空气质量预报等技术规范，同步开发示范区预报平台功能模块和专项预报产品，在全国首次实现跨行政区划的区县尺度联合预报。2021年示范区生态环境质量状况报告发布，这是全国首个基于统一尺度、统一标准开展的跨行政区域生态环境质量年度评价报告。

3. "一把尺"

沪苏浙皖三省一市生态环境部门共同签署协同推进长三角区域生态环境行政处罚自由裁量规则和基准一体化工作备忘录，示范区三地共同印发《环境执法跨界现场检查互认工作方案》，抽调执法骨干组建示范区生态环境综合执法队，开展现场联合执法。建立统一的执法规程，组建综合执法队伍，多次开展示范区跨界执法，入选2021年度生态环境部优化执法方式第一批典型做法和案例。

（二）落实方式

1. 一体化、有分工、敢突破

一是强化顶层设计、注重机制保障。两省一市三级八方和示范区执委会围绕战略定位，牢固树立一体化意识和"一盘棋"思想，坚持高标准，求大同存小异、早落实早见效、分类突破的工作原则，形成了工作推进落实的强大合力。

二是细化明确分工、突出各方所长。示范区执委会主动搭建共商平台，上海市积极发挥龙头作用，主动牵头环境标准和监测统一制度创新工作；江苏省、浙江省各扬所长，浙江省牵头生态环境执法统一工作，江苏省指导示范区监测数据共享。各地水务、规划、司法、市场监管等部门通过共商平台深入交流、大力支持和配合，示范区三地积极开展具体落实措施和任务工作，形成高效协同推进的多层次机制保障。

三是打破行政藩篱、有序分步推进。面对跨域制度创新与属地现有政策的碰撞、地区间发展与保护诉求存在现实差异、缺少一体化管理模板等难点，三级八方积极探索，按照共识度高、可操作性强、先易后难的原则，充分发挥各地优势和成功经验，走出一条跨区域生态环境一体化管理新路。

2. 全铺开、有侧重、齐推进

一是突出"一套标准"，推进"三个同步"。两省一市生态环境、市场监管部门会同示范区执委会积极探索统一标准的编制与发布机制，同步推进落实示范区重点行业全面实施大气特别排放限值、同步推进标准阶段性研究成果发布、同步研究标准制修订工作流程。首批3项示范区生态环境技术规范《环境空气质量预报技术规范》《固定污染源废气现场监测技术规范》和《挥发性有机物走航监测技术规范》已于2021年3月正式发布。

二是完善监测"一张网"，建设"三个体系"。两省一市生态环境部门会同示范区执委会联合印发《长三角生态绿色一体化发展示范区生态环境监测统一网络建设方案（2021—2023年）》，采用"优势互补、共同研究、协同推进、共建共享"工作模式，构建先行启动区和沿沪渝高速、通苏嘉高速的"一核两轴"大气监测网络，优化示范区水质自动监测和手工监测网络体系；推进主要污染源监测监控体系建设，构建重点园区 VOCs 在线监测和移动源监测评估体系；推进环境预警应急监测体系建设。在此基础上，示范区建立了跨区域联合预报会商机制，实现精细化空气质量预报，并多次开展了重点跨界河流联合监测，基本实现主要环境质量数据共享。①

三是强化"一把尺"，打造"两个一"。示范区按照统一指挥调度、统一队伍建设、统一检查程序、统一执法力度、统一自由裁量的"五统一"原则，强化用"一把尺"实施生态环境有效监管，重点打造"两个一"。组建一支联合执法队伍，通过制定《两区一县环境执法跨界现场检查互认工作方案》，抽调执法骨干组建示范区生态环境综合执法队，示范区率先实现跨界执法协作互认，形成三地执法人员异地执法工作机制。建立一套环境执法规程，统一示范区执法事项、执法程序、裁量标准和免罚清单，建立健全案件证据互认、处罚结果互认机制。②

---

① 2021 年，示范区环境空气质量指数（AQI）优良率为 87.4%，各项评价指标均达标，总体呈改善趋势；地表水环境质量优Ⅲ类水质断面比例为 84.6%，持续改善；区域声环境评价等级为较好，各类声功能区昼夜间均值达标。

② 2020 年以来，示范区综合执法队先后开展 5 次跨界联合执法检查，共计检查重点企业 41 家，发现并查处环境问题 32 个。2021 年 10 月，三地制定和实施《示范区生态环境轻微违法违规行为不予行政处罚目录》，统一了轻微违法、违法行为不予行政处罚的清单目录，目前实施轻微违法违规行为不予行政处罚案例共计 27 个，在具体实践中取得了较好效果。2022 年 7 月，《示范区生态环境管理第三方服务规范（试行）》正式联合印发，统一规范了示范区生态环境管理第三方准入要求、服务要求和考核要求。2022 年 9 月，出台了《示范区生态环境监督执法正面清单实施办法（试行）》的通知，统一了监管标准和差异化监管措施，既"破"又"立"，促进示范区内要素流通、执法统一。

二、重点应用场景

"三统一"制度的出台准确抓住了跨区域环境管理体系的重点和难点，把区域环境管理工作的基准线进行了统一。通过发布统一的区域生态环境技术规范，为监测统一、监管统一奠定了基础；通过建立区域监测网络，实现了跨区域环境评价统一；通过环境监管统一尺度，使跨界执法具备了可操作性。

1. 示范区技术规范推广应用于进博会空气质量保障

《长三角生态绿色一体化发展示范区挥发性有机物走航监测技术规范》是国内首个针对挥发性有机物走航监测的标准化文件，涵盖走航监测工作实施前、中、后各方面工作，推动了监测数据的互认共享。2021年10—11月，上海进博会环境空气质量保障期间，上海市生态环境局在走航监测过程中，以该标准作为技术支撑，对江苏、浙江、安徽、上海共53个重点化工园区的挥发性有机污染物（VOCs）排放情况展开排查，行程逾18000千米，共发现问题点位63个。其间，工作组根据该技术规范相关要求，以快报形式每日向进博会空气质量保障指挥部汇总上报当日情况。

2. 示范区跨界重点河流水质联合监测及数据共享

2020年7月和10月，示范区三地环境监测站根据《长三角生态绿色一体化发展示范区环境监测联动工作方案》和《长三角生态绿色一体化发展示范区环境质量及污染源监测数据共享方案》要求，共同前往太浦河汾湖大桥和嘉善太浦河饮用水水源取水口，开展三地跨界区域河流水质联合监测。结合前期联动监测点位布设，对跨界区域重点河流水质进行同步采样测定，并将分析结果上传至示范区"智慧环保"平台，实现数据互联共享。

3. 示范区发布首个跨界地区生态环境质量状况评价

两省一市生态环境部门联合示范区执委会编制《长三角生态绿色一体化发展示范区生态环境质量报告（2021 年）》，于 2022 年"六五"环境日发布。由上海市生态环境局总体协调和推进报告编制工作，示范区三地将空气、地表水、饮用水源地、声环境等环境要素监测数据共享至编制团队。生态环境监测数据的共享共用为区域统一生态环境质量评价奠定了基础。

4. 示范区生态环境统一执法创新模式迈入常态化

2020 年 5 月，示范区三地联合印发《长三角生态绿色一体化发展示范区环境执法跨界现场检查互认工作方案》，成立统一执法工作协调联络组统筹协调统一执法工作。协调联络组下设生态环境综合执法队，从三地抽调骨干人员组成。2020 年 7 月综合执法队集结成立后，多次组织区域联合执法行动，为国际互联网大会、进博会等重大活动提供保障。

三、复制推广情况

生态环保"三统一"工作成果体现了示范区的引领和示范作用。"三统一"制度的出台和实施为长三角一体化国家战略提供了生态环境保护方面的制度探索，搭建了区域联保共治的基础，提升了跨界地区共同保护生态环境推动绿色发展的效率，为进一步推进区域生态环境改善和

"美丽中国"建设提供了良好的合作制度样板。生态环境管理"三统一"制度创新被列入向全国范围复制推广第一批清单。其中的典型：

一是在环杭州湾地区：石化化工行业挥发性有机污染物（VOCs）协同治理"三统一"模式。为解决环杭州湾地区石化化工行业 VOCs 排放突出的问题，上海市生态环境局和浙江省生态环境厅借鉴示范区"三统一"制度经验做法，组织编制了《环杭州湾地区石化化工挥发性有机物协同治理"三统一"行动方案》，统一 VOCs 排放监管要求，深化拓展监测和执法联动机制，共推环杭州湾地区石化化工 VOCs"三统一"协同治理。方案涉及范围包括上海市金山区及浙江省、舟山市、宁波市、嘉兴市 4 个区域的石化、化工园区（集聚区），率先在杭州湾北岸推进，逐步推广至杭州湾南岸地区。

二是浙江省嘉兴市：全域推广跨界联合执法机制。嘉兴市生态环境局以一体化示范区执法监管一体化经验为样板，印发《嘉兴市全域实施跨界执法一体化行动方案》，构建市域内毗邻区域执法监管一体化机制，推行区县层面相邻重点区域环境保护联防、联控、联动、联处、联罚。目前，南湖—嘉善、经开—秀洲、海宁—桐乡、平湖—海盐—港区已按方案要求成立联合执法队，制定执法年度工作计划，因地制宜地推进毗邻区县跨界联合执法。

第二节　示范区重点跨界水体联保机制

为扎实推动示范区生态绿色发展和重点跨界水体联保共治，上海市、江苏省、浙江省生态环境（厅）局、水利（水务）厅（局），生态环境部太湖流域东海海域生态环境监督管理局、水利部太湖流域管理局以及示范区执委会等 9 个部门于 2020 年 9 月 30 日联合印发《长三角生态绿色一体化发展示范区重点跨界水体联保专项方案》（以下简称《联保方案》）。示范区和协调区范围内 47 个主要跨界水体全部纳入《联保方案》实施范围，其中太浦河、淀山湖、元荡、汾湖等"一河三湖"是加强跨界水体联保共治的重点。①《联保方案》及后续工作方案坚持"生态优先、绿色发展"的核心理念，确定建立联合河湖长制、实施联合监管机制、开展联合执法会商、完善联合监测体系、健全数据共享机制、深化联合防控机制 6 个方面工作内容，围绕建设饮用水源安全共保、水污染共治和水生态资源共享的联保合作新格局，推进了三地在河湖保护上责任共担、效益共享、共保共治，为跨界地区长期联合开展水生态环境保护工作探索路径和提供示范。

一、实施《联保方案》的机制

（一）联合河湖长制

2020 年，太湖流域局、江苏省河长办、浙江省河长办、上海市河长办联合印发《太湖淀山湖湖长协作机制》，共同推进"一河三湖"等重点跨界水体联合河湖长制工作。示范区"一河三湖"等重点跨界水体

---

① 2021 年 5 月 19 日印发的《长三角生态绿色一体化发展示范区环境要素功能目标、污染防治机制及评估考核制度总体方案》，首次针对"一河三湖"等跨界水体及其周边重点区域的不同生态环境功能和保护要求，建立了系统的生态环境监测评估体系以及多方协同联动的实践工作机制。

实现联合河湖长的全覆盖，示范区三地共任命或聘请 240 余名联合河湖长，联合巡河、联合治理、联合养护、联合执法、联合监测"五个联合"机制已实现常态化。联合印发一系列制度，进一步明确示范区联合河湖长制各项年度工作，规范各级联合河湖长巡河要求、履职要求及监督考核等内容，有力保障了联合河湖长制运行取得实效。①

（二）联合监管机制

1. 研究制定太浦河沿线相关水源地一体化管理要求

推进示范区跨界水源保护区协同划分方案的联合制定、联合报批工作。2022 年 4 月，上海市和浙江省分别批复黄浦江上游和嘉善长白荡饮用水水源保护区划，实现了沪浙跨界水源地的协同划分。在此基础上，编制全国首份跨省域的饮用水水源保护区协同划分方案。此次水源保护区协同划分工作，突出共保共建，更加系统完整地覆盖一级保护区范围，做到了"应保尽保"；突出科学精准，同步按照统一方法计算二级保护区边界，保证边界衔接一致，协同保障水源安全；突出区域协同，准保护区范围拟向上游延伸，强化联合防控。2022 年 9 月，执委会会同两省一市生态环境部门联合印发《长三角生态绿色一体化发展示范区跨界饮用水水源地共同决策、联合保护和一体管控机制》，为加大示范区跨界饮用水水源地联合保护提供制度新供给。示范区饮用水源保

---

① 包括长三角生态绿色一体化发展示范区联合河湖长制工作联席会议制度、跨界河湖联合河长湖长巡河工作制度、联合河湖长履职规范、联合河长制督查制度、联合河长制考核制度等各项制度。2020 年，编制出台了《2020 年太湖淀山湖湖长协作机制工作方案》。

护协同立法也在持续加快推进，已形成法规草案。

2. 加强源头治理和防控工作

一是协同推进污染防治重点工作。包括加强环境基础设施建设与运行；加强工业污水污染防治①；推进农业面源污染治理②；强化航运污染防治与风险控制③；持续推进河湖生态治理④等。二是加强太浦河水生态保护和管控。为强化重点区域空间管控和太浦河两岸生态绿廊功能，示范区三地对太浦河排污口进行摸排，深入开展入河排污口整治工作。目前，已形成太浦河排污口清单目录，并且对排查中发现的污水处理厂私设排污口等问题，严查重处。三是有效落实太浦河流动源污染监管。为

---

① 青浦区制定了环评审批负面清单，严格高耗能、高排放的"两高"项目准入；完成辖区内太浦河沿线 2 千米入河排污口排查，启动全区入河排污口"查、测、溯、治"工作，完成涉一类污染物排放企业分质分道等重金属污染物治理整改。吴江区启动涉磷企业调查，确认涉磷工业企业 1892 家；实施涉水企业事故排放及应急处置设施专项督查整治行动，对 2912 家已发放排污许可证企业及污水集中处理设施进行排查；实施王江泾、平望新运河桥、元荡湖口断面溯源整治。嘉善县开展重点断面区域周边入河排水口动态化排查；全面推进工业园区"污水零直排区"建设，腾退拆除污染企业 250 多家，启动印染行业的兼并重组。

② 青浦区印发农业面源污染治理专项行动工作方案，力争 2025 年农业面源污染得到有效遏制。吴江区新增高标准农田 24.52 万亩，完成 22 个"大棚房"问题专项清理整治项目并通过国家核查，完成 2580 个养殖场（户）畜禽养殖污染整治。嘉善县建成氮磷生态拦截沟渠 9 条，完成稻田退水"零直排"面积 6000 亩、养殖尾水处理面积 2.55 万亩。

③ 太浦河沿线现有的 10 家港口码头已全部配备船舶污染物接收设施（垃圾桶、生活污水桶、油污水桶），具备靠港船舶送交的各类污染物"应收尽收"条件。

④ 青浦区全面启动生态清洁小流域建设，莲湖村生态清洁小流域获评国家水土保持示范工程。吴江区实施生态安全缓冲区项目建设，横扇生活污水处理厂尾水湿地净化工程竣工投运。嘉善县实施东部区域水生态修复项目一期（盛家湾）、二期（姚庄片）、三期（惠民片）建设；制定碧水嘉善行动方案（2021—2025 年），已建成碧水河道 29 千米；祥符荡清水工程建设正在有序推进。

加强船舶流动风险源日常监管,吴江区交通运输综合行政执法大队制定年度船舶污染防治工作计划。①

3. 优化水资源联合调度模式

2015 年以来,太湖流域局会同太浦河沿线的三级水利、生态环境等部门建立太浦河水资源保护省际协作机制,并不断深化和完善。②

(三)联合执法会商机制

为加强示范区联合巡查、共同执法,2020 年以来,青浦、吴江、嘉善共同制定了《长三角生态绿色一体化发展示范区水行政执法联动协作工作方案》《两区一县环境执法跨界现场检查互认工作方案》和《两区一县环境联合执法工作计划》,成立了示范区生态环境综合执法队,聚焦重点流域、重点行业、重大活动环境保障等方面,开展了一系列联合执法行动,按照统一指挥调度、统一队伍建设、统一检查程序,统一执法力度、统一自由裁量的"五统一"原则,强化用"一把尺"实施生态环境有效监管,提升了执法效能。③

---

① 主要措施包括船舶码头等污染防治检查、船舶污染物接受转运处置联合监管及落实情况检查、船舶污染应急处置演练等,进一步增强了船舶污染防治监管能力和污染应急处置水平。

② 其间,印发了《太浦河水资源保护省际协作机制——水质预警联动方案(试行)》《太浦河水资源保护省际协作机制工作方案》等,进一步强化了太浦河防洪、供水、水生态的功能作用,保障了太浦河下游水源地供水安全,2018 年以来,沿线水源地连续五年未发生锑浓度异常。

③ 2020 年以来,综合执法队先后开展 5 次跨界联合执法检查,重点针对印染、化工等行业,共计检查重点企业 41 家,严厉打击了各类违法行为。2021 年 3 月,组织开展 2021 年"世界水日""中国水周"省际边界河湖专项督查活动。开展"一河三湖"蓝藻水华、水质异常及突发污染事件专项执法巡查和重点行业专项执法行动等。

（四）协同监测共享机制

2020 年以来，两省一市生态环境部门共同编制了一系列工作方案[①]，示范区三地生态环境监测部门不断推进重点区域水质联合监测工作，按照统一监测时间、监测频率、监测指标、监测方法和评价标准的"五统一"原则，逐步完善生态环境联动监测机制。

1. 完善水环境监测体系

构建示范区重点水体监测"一张网"，共设置 44 个监测断面，其中吴江区 21 个、青浦区 14 个、嘉善县 9 个。推进完善示范区水环境监测体系。联合开展重要河湖生态环境调查与评估。[②]

2. 加强预警（应急）和污染源监测

示范区三地生态环境部门联合编制《太浦河特征因子预警监测体系建设方案》，太浦河沿线新增在线预警监测断面 5 个，其中青浦区 2 个、吴江区 1 个、嘉善县 2 个，初步实现示范区内太浦河及其主要支流重金属锑等特征污染物在线监测预警，提高了太浦河沿线饮用水源水质安全保障水平；联合印发《长三角生态绿色一体化发展示范区自动监测预警

---

① 包括长三角生态绿色一体化发展示范区环境监测联动工作方案、地表水手工监测网络优化实施方案、太浦河特征因子预警监测体系建设方案和自动监测预警体系建设方案等。

② 青浦区开展了淀山湖 6 个监测点位和太浦河 3 个监测点位的水生生物调查；吴江区启动全区生物多样性本底调查；嘉善县布设 7 个工作网格开展陆生高等植物、陆生脊椎动物、陆生昆虫、水生生物调查。生态环境部太湖东海局、水利部太湖局牵头组织完成示范区"一河三湖"生态环境调查评估。

体系建设方案》，加强应急监测体系建设和应急监测能力建设。①

3. 开展水生态环境评估

为加强生物多样性保护，维护示范区生态系统平衡，由太湖东海局和太湖流域局共同牵头，组织两省一市有关部门和地区开展了"一河三湖"生态环境调查评估工作。②

（五）数据共享机制

2019年，太湖流域局、太湖东海局、苏浙沪三省（市）水利（水务）和生态环境厅（局）建立太湖流域水环境综合治理信息共享机制，制定《太湖流域水环境综合治理信息共享方案》，建立太湖流域水环境综合治理信息平台，首次实现了跨区域、跨部门的信息协同共享。近年来依托太湖流域水环境综合治理信息共享机制和太湖流域水环境综合治理信息平台，进一步完善了示范区统一的监测数据共同管理平台，推进

---

① 示范区三地推进污染源监测，青浦区印发《青浦区固定污染源生态环境监督管理办法（试行）》《2022年青浦区固定污染源自动监控专项检查工作方案》等，持续提升固定污染源自动监控设施运行管理水平和自动监控数据质量；吴江区完成1846家重点排污单位自动监控设备安装联网，对245个重点污染源开展用电监控预警处置；全面完成工业园区限值限量监测监控系统建设，推动1978家企业实现在线监控；嘉善县积极落实《嘉兴市污染源自动监控管理办法》，规范污染源自动监控系统运行管理、强化自动监控数据应用、督促排污单位稳定达标排放。

② 通过收集数据资料、构建评估指标体系，梳理了示范区生态环境突出问题，编制形成了《长三角生态绿色一体化发展示范区"一河三湖"生态调查评估报告》。评估工作突出问题导向、价值引领和目标驱动，为示范区生态绿色一体化高质量发展综合决策提供了良好支撑。

了重点跨界水体监测信息共享。①

（六）联合防控机制

1. 细化协作应急处置机制

一是加强预警联动和水利调度调节。水利部太湖局持续发挥太浦河水资源保护省际协作机制作用，遇杭嘉湖区预报出现强降雨、太浦河干支流水质指标异常升高等情况，及时发布预警信息，督促有关单位采取紧急蓄水、加强污染防控等措施，有效防范供水风险；优化太浦河水资源联合调度，全面统筹流域防洪、供水、水生态、水环境"四水"安全。②

二是强化应急演练，提升应急、交通、公安、消防等部门快速应急响应和处置险情能力。

三是持续深化水葫芦防控工作机制。2018 年以来，太湖流域局定期组织召开流域省际边界地区水葫芦联合防控座谈会，研究落实省际边界地区水葫芦联合防控工作协作机制，印发了《太湖流域省际边界地区水葫芦防控工作方案》。③

---

① 两省一市生态环境部门共同编制了《长三角生态绿色一体化发展示范区环境监测联动工作方案》，建立重点跨界区域生态环境联动监测制度。依托太湖流域水环境综合治理信息共享机制，2022 年重点推进太湖流域沿长江、环太湖、沿杭州湾、苏沪省界、苏浙省界、沪浙省界等水利工程（口门）的调度指令、水量信息及工程附近相关水质断面的信息共享。

② 精细调度太浦河闸泵工程，太浦河下泄流量常年保持不低于 50 立方米／秒，在重大节日或活动举办期间，统筹上下游水雨情等因素，酌情加大太浦河下泄流量，保障示范区水源地供水安全，营造良好水生态环境。

③ 根据工作方案，青昆吴嘉四地不断强化协同保护，定期组织开展"清剿水葫芦，美化水环境"联合整治专项行动，连续四年为中国国际进口博览会成功举办提供了优质的水环境保障。

2. 共同推进清洁小流域建设

通过清洁小流域建设工作，实现了河湖基本功能全面恢复、生态空间基本修复、水环境质量有效改善、管护机制提质增效，提升了农村水系综合整治在生态环境保护和建设、人与自然和谐宜居等方面的显示度。

3. 建立科技创新联合机制

2021年成立的同济大学长三角可持续发展研究院，以国家重点实验室落地示范区为核心，整合长三角可持续发展大学联盟高校的多个成熟研发平台，建设多学科交叉、理工文管融合的科学研究基地，以创新技术研发与成果转化应用为引导，联合行业龙头企业，探索产学研协同发展新机制。

二、重点应用场景

1. 水源保护区协同划分

根据示范区共保共治共建共享的基本要求，上海市、浙江省共同对标原环境保护部发布的《饮用水水源保护区划分技术规范（HJ388—2018）》，共同启动示范区范围内水源保护区协同划分工作，并已于2022年4月分别完成审批流程。具体方法与成效：

一是突出共保共建，一级保护区范围更加系统完整。根据"应保尽保"的原则，考虑到新规范对水域宽度要求的变化，将一级保护区水域宽度调整为覆盖太浦河全河宽。同时，由于嘉善长白荡水源地的部分水域位于上海境内，基于共同保护原则，上海市将原本作为二级保护区的部分水域和周边岸线划分为一级保护区，进一步加强对浙江水源安全的共同保障。

二是突出科学精准，二级保护区边界衔接一致。根据新规范要求，上海、浙江两地的水源二级保护区同步按照 2 小时应急响应时间计算上游边界范围，上下游边界完全衔接一致，浙江省二级保护区面积相应有所增加，实现对上海水源安全的协同保障。

三是突出区域协同，准保护区范围向上游延伸。根据水污染防治法要求和新规范中明确的准保护区划分条件，由于水源地上游存在潜在风险源，需要突破行政边界，准保护区需向江苏省境内太浦河两侧上溯一定范围。① 三地共同划分饮用水水源保护区，强化区域协同和联合防控力度，真正体现了长三角生态绿色一体化发展要求。

2. 联手查处家具行业不正常运行

2020 年 7 月 24 日，青浦、吴江、嘉善三地生态环境综合执法队启动第一轮跨界联合现场检查工作，对位于青浦区金泽镇练西公路的某公司进行执法检查。该公司主要从事木制品家具的生产制造，执法人员现场对喷漆场所和喷漆废气的处理设施（处理工艺：水幕帘＋过滤棉＋活性碳）进行检查，发现喷漆场所车间密闭水幕帘和过滤棉处理正常，但嘉善执法人员发现活性炭箱运行时箱体声音异常，凭借执法经验判断活

---

① 经过示范区执委会牵头协调，准保护区上溯方案已获得江苏省生态环境部门原则同意。目前，沪苏浙三地正在联合编制示范区跨界饮用水水源保护区协同划分方案，将协调一致后报两省一市政府联合批准实施。

性炭箱体内活性炭装载有问题，现场打开活性炭箱，箱体内确实未装填活性炭等过滤介质，存在不正常使用大气污染防治设施的违法行为。此外，执法人员针对企业现状进行溯源调查，发现了另外两项违法行为。对于该企业存在不正常运行大气污染防治设施、违反排污许可证要求排放污染物和大气污染防治设施未设立操作规程的违法行为，青浦区生态环境局依法立案查处。此案的迅速查处得益于嘉善队员的执法经验，家具行业作为嘉善的特色产业，嘉善的执法经验较为丰富。三地通过联合执法机制，加强学习和交流，扩展视野，提升检查的针对性和有效性，有力提升执法效能。

3. 雪落漾一体共治方案

雪落漾（诸曹漾）位于青浦区金泽镇以西，与吴江区黎里镇毗邻；总面积约 2900 亩、岸线长度 12.2 公里，其中属于金泽镇面积约为 1400 亩、岸线长度 6.3 公里，属于黎里镇面积约 1500 亩、岸线长度 5.9 公里。随着示范区正式揭牌，金泽镇、黎里镇为全力建设"水清、面洁、河畅、景美"的美丽河湖，勇当探路者、排头兵和突击队，大胆试、勇敢闯，突破行政壁垒，共同编制了《雪落漾（诸曹漾）一体共治方案》，并共同签订了《雪落漾（诸曹漾）联保共治备忘录》，试点实施交界河湖的一体共治。

三、复制推广情况

示范区内水系纵横，是太湖流域平原河网的典型区域，水环境、水安全和水生态问题也是示范区共同面对的最为突出的生态环境问题。《联保方案》抓住了示范区生态环境保护的重点和难点，突出"生态优先、绿色发展"的核心理念，建立完善重点跨界水体联保工作机制，标志着示范区在不破行政隶属、打破行政边界、实施跨界水体一体化管理制度创新上迈出了坚实一步。经评估，2021年和2022年上半年"一河三湖"水环境质量已达到或优于2025年功能目标要求。

示范区联合河湖长机制成效显著，并逐步向国内外推广。示范区联合河湖长制先后入选中组部《贯彻落实习近平新时代中国特色社会主义思想在改革发展稳定中攻坚克难案例》和水利部《全面推行河长制湖长制典型案例汇编（2021）》，获评"中国改革2020年50典型案例"，中共中央党校《行政改革内参》、水利部《河长制湖长制工作简报》均刊发介绍了联合河（湖）长制。2021年6月15日，在国务院发展研究中心组织、中国国际发展知识中心承办的第四期交流沙龙上，专题向全球各驻华使领馆、中外媒体发布介绍了示范区联合河（湖）长制。示范区三地河长办在江苏省、浙江省水利厅和上海市水务局的指导下，共同开展《长三角生态绿色一体化发展示范区联合河湖长制工作规范》编制工作，总结示范区联合河湖长制工作经验，形成一体化建设制度创新模板，在长三角和全国重点合作区域进行复制推广。两区一县跨界联合执法入选2021年度国家生态环境部优化执法方式第一批典型做法和案例。借鉴示范区生态环境执法统一的经验，拟建立环杭州湾地区生态环境执法人员异地执法工作机制，组建跨界执法队伍，对重点行业企业开展联合执法检查，在长三角环杭州湾地区进行执法统一经验的复制推广。

第三节 示范区环评制度改革集成

在总结经验的基础上，两省一市生态环境部门会同示范区执委会于2021年11月15日联合印发《关于深化示范区环评制度改革的指导意见（试行）》（以下简称《指导意见》）。《指导意见》坚持问题导向，突出系统集成，提出了包含四大方面，共计14条具体改革举措。①

一、示范区三地落实情况

（一）主要做法

1. 高位推动，全面落实

示范区三地以"突出改革集成、坚持示范引领、强化跨域协同、推动绿色转型"为原则，从省、地市、区（县）级层面陆续出台各项指导意见、实施细则、技术指南、工作通知、管理办法等文件，全面响应、落实14条改革举措。

2. 因地制宜，各有侧重

在改革过程中，示范区三地因地制宜，改革各有侧重。青浦区率先启动环评制度改革并不断深化，开展"两证合一"审批试点；吴江区积

---

① 一是强化规划环评与项目环评联动。提出在满足相关条件的县级以上政府认定的产业园区内实施降低环评文件等级、简化环评编制工作、优化排放总量管理3条具体举措。二是实施项目环评管理"正面清单"制度。提出豁免环评管理手续、实行告知承诺制审批、支持小微企业发展、强化环评审批服务4条具体举措。三是做好环评制度与相关生态环境制度的统筹衔接。提出探索"两证联办"模式、协同落实降碳目标、强化"三线一单"应用3条具体举措。四是加强事中事后环境监管。提出探索建立建设项目环境监管闭环体系、严格依法依规监管、强化改革项目环境管理、创新监管方式方法4条具体举措。

极推动"绿岛"建设、园区污染物排放限值限量管理等举措；嘉善县全面推行"区域环评＋环境标准"改革，在支持小微企业发展方面形成示范经验，探索"打捆环评"模式。

3. 区域协作，部门联动

为建立健全示范区环境监管闭环体系，示范区三地联合成立生态环境统一执法工作协调联络组，组织开展三地统一执法工作。

（二）主要成果

在强化规划环评与项目环评联动方面，示范区降低环评文件等级项目数量 361 个。其中，嘉善 351 个、青浦 4 个、吴江 6 个项目实施与规划环评联动举措。

在实施项目环评管理"正面清单"制度方面，示范区已实施超过150 个告知承诺审批项目。青浦目前超过四分之一的建设项目已享受环评豁免；吴江共对 7 个项目实施环评豁免；嘉善已累计完成 105 个环评承诺登记备案项目。三地已实现环评审批全程网办，网上申报率、审批率均实现 100%。小微企业打捆环评审批在示范区首先改革试点，嘉善县 2 个园区共 26 家小微企业以"打捆环评"形式取得批复。

在做好环评制度与相关生态环境制度的统筹衔接方面，示范区已完成 3 例环评和排污许可"两证合一"行政审批。

在加强事中事后环境监管方面，示范区不断加强对环评项目的事中事后监管，2021 年青浦区环评审批文件（含告知承诺）事中事后抽查比例达 45%，同比增长 19%。嘉善县持续开展环评单位和环评工程师诚信档案专项整治工作，全面参与嘉兴市《嘉兴市建设项目环评管理及报告编制"领跑者"制度实施方案（修订）》要求的 2022 年第一季度评选工作。

（三）主要亮点

1. 要求不降低、审批更高效，工作效能大幅提升

一是建立联动机制，优化审批程序。以"成熟一批、推进一批"的原则，不断扩大规划环评与项目环评联动范围，联动举措不断完善，联动效果不断显现。青浦区已有 4 家园区列入联动区域名单；吴江区发布联动实施细则，推动项目环评与规划环评共享区域环境数据，简化公共参与流程；嘉善县基于"区域环评＋环境标准"改革成效，推动"3+2"区域内符合准入标准且在负面清单外的建设项目降低环评等级、优化总量手续。

二是探索"两证合一"，压缩审批时限。不断探索环评与排污许可"一套材料、一口受理、同步审批、一次办结"的审批新模式。青浦区目前已成功办理 2 例"两证合一"审批项目；吴江区依据新建的"苏州工业园区环评与排污许可协同审批系统"完成首例"两证合一"行政审批，促进环评与排污许可高效融合管理，大大缩短环评审批与排污许可核发时限。

三是落实"一网通办"，提高审批效能。全面落实"一网通办"制度，推进环评项目提前介入、在线审批。青浦区 21 项许可事项已全部入驻"一网通办"平台，网办率 100%；嘉善县建设项目环境影响报告书、报告表审批已基本实现"零次跑"。环评项目信息化审批服务缩短了审批时间、提高了审批效能。

2. 减费增效、企业服务感更强，营商环境持续优化

一是统一正面清单，扩大豁免范围。按照《指导意见》，示范区进一步统一"正面清单"。^①通过统一"正面清单"，提高项目投产效率，节省项目建设成本，为中小企业"减负"，为重大项目"护航"。

二是创新"绿岛"项目，试点"打捆"审批。青浦区不断优化重大项目环评审批服务保障，探索市政基础设施"打捆环评"审批；吴江区探索创新"绿岛"项目建设，在工业、农业、服务业等领域探索建设多主体共享的集中治污设施，实现污染物统一收集、集中治理、稳定达标排放；嘉善县首先试点小微园区"打捆"环评审批，建设 7 个小微产废企业危废收集平台，现已实现运营全覆盖。

三是开发智能工具，辅助项目选址。2022 年 6 月，青浦区上线"上海市生态环境分区管控空间分析工具"，为企业项目选址提供便捷服务；嘉善县试点"三线一单"、规划环评、项目环评"三位一体"的环境准入智能研判系统，为园区环境准入管理提供辅助支持。

3. "严进轻管"变"宽进严管"，事中事后监管更精准

一是创新监管方式，提高问题发现能力。示范区深入推进"互联网＋"监管执法，加大启用高科技执法监管手段，通过在线监控、卫星遥感、VOCs 走航、无人机监测等方式持续强化环境问题发现能力。在

---

① 青浦区建立"豁免一批、告知承诺一批、保障一批"环评管理正面清单，对市政基础设施、社会服务类、简单机加工制造业实施环评豁免；吴江区对 17 大类 41 小类"正面清单"项目全部豁免环评；嘉善县在"3+2"环评改革区域内对 8 大类 13 小类项目试点豁免环评管理。

产业园区、街镇积极培育第三方环保服务的新模式、新业态，引入第三方辅助监管模式。①

二是分级分类监管，建立联动闭环体系。示范区构建了以"三线一单"为基础、规划环评及项目环评为准入前提，以排污许可证为核心的固定污染源监管闭环体系。②

三是强化能力评价，实施环评失信惩戒。示范区持续开展规划环评、建设项目环评文件质量抽查、复核工作，定期对环评编制单位和编制人员开展信用管理和能力评价，分级分类实施奖惩措施。③

二、重点应用场景

1. 污泥干化焚烧项目

污泥干化焚烧项目是青浦区首例通过规划环评与项目环评联动，环

---

① 青浦区将环评机构年度专项检查纳入 2022 年"双随机、一公开"抽查事项；嘉善县根据全省首部污染源自动监控政府规章《嘉兴市污染源自动监控管理办法》，强化自动监控数据应用，督促排污单位稳定达标排放；吴江区不断完善集大数据中心、GIS 可视化平台、预警决策辅助于一身的生态环境大数据监管平台，探索试行一般工业固废手机 App 智慧服务。

② 青浦区建立"三监联动"机制，分为"市、区、街镇"三级，实行审批制、告知承诺制、备案制建设项目三类监管；吴江区一方面深化包容审慎监管机制，发布涉企"免罚轻罚"清单，另一方面对重点排污单位实施"测管协同"联动监管；嘉善县制定企业五色生态码，对绿码、蓝码企业"无事不扰"，加大橙码、红码企业检查力度。此外，示范区在全国率先突破跨省域执法协作，青吴嘉三地综合行政执法部门建立一体化、多层次、常态化执法协作体系。

③ 青浦区提出"守信承诺书"管理模式，强化对在区内开展业务的环评单位的监督管理，全面落实"一处失信，全国通报，多处失信，全国受限"；吴江市加强对环评、环境检测等第三方机构管理，深化环保信用动态评价；嘉善县实行中介机构负责人约谈制，开展环评机构"领跑者"及"蜗牛者"评定，持续开展环评单位和环评工程师诚信档案专项整治工作。

评报告书降等为环评报告表的建设项目。环评降等后，公示时间由 15 个工作日缩减为 10 个工作日审批，总用时仅 18 个工作日，为企业节约了项目成本和时间，促进项目顺利落地。

2. "两证合一"审批试点

在办理上海爱仕达汽车零部件有限公司汽车铝合金精密零件生产自动化升级改造项目时，青浦区态环境局在企业充分了解环评和排污许可"两证合一"政策的基础上，积极指导企业按照"两证合一"办事流程，开展建设项目环评告知承诺审批和排污许可证重新申请两项行政许可"一套材料、一口受理、同步审批、一次办结"，实现了示范区首例，也是上海首例建设项目环评和排污许可"两证合一"行政审批，为企业节省了审批时间，优化了营商环境。

3. 告知承诺制审批试点

吴江区靖恒电子科技有限公司年产印刷电路板 5000 万个，项目原来编制的报告表需实行审批制，改革后可实行告知承诺管理，项目提交申请后当天受理，当场办结。该项目批复为吴江区根据《关于建设项目环境影响评价告知承诺制审批的实施细则（试行）》发放的首批环评告知承诺制批复。

4. 创新企业环保问题线上点单、定制服务

目前，吴江区生态环境局在微信公众号内开放了"助企点单服务"端口，企业在环评和排污许可、环保现场管理、环境应急管理等方面有任何诉求，均可选择一键预约、"点单"，吴江区生态环境局将根据企业

的具体需求，委派相关业务骨干上门提供"定制服务"。

5. 小微企业环评打捆审批试点

嘉善县罗星街道罗星精密机械创业园是示范区首个小微企业打捆环评审批改革试点园区，园区总投资 2.05 亿元，占地面积约 72 亩，拟入驻企业 85 家。环评改革后，由小微园区作为责任主体开展环评整体编制环评文件，单个入驻项目不再开展，为企业省去办理环评、购买排污权等繁琐手续，入驻企业只要没有突破园区环评规模，一律采用登记备案，减轻企业负担，为小微企业营造安心经营、放心发展、用心创新的发展环境，激发了企业活力。

三、制度创新评价

示范区环评制度改革充分吸收两省一市的做法经验，在不降低环保要求的前提下，更大力度系统集成了沪苏浙三地现有的环评改革政策，既是跨域协同上的重要创新举措，也是对三地既有改革成果的固化和提升。示范区三地持续完善配套政策，规范办事流程，加强闭环管理，促进提质增效，做到了环评要求不降低、环评审批更便利、项目管理更高效、企业服务感更强，制度集成改革红利得到持续释放。三地进一步补齐短板、拉长长板，在保留地方特色的基础上，不断促进一体化管理、系统化集成，不断促进实现"简政""强管""优服"，更大激发市场活力，形成了一批可复制、可推广的环评改革制度经验。示范区嘉善县首先试点的"打捆环评"模式在苏州市张家港经开区得到了推广应用。2022 年 5 月，11 家化纤企业试水"打捆环评"审批，时间缩短三分之二，费用削减三分之一。在青浦区"两证合一"改革试点基础上，2022年5月，上海市将"两证合一"试点范围扩展至上海全市医药制造业、汽车制造业、计算机通信和其他电子设备制造业等24个行业以及市、区重大项目。

第四节 "醉美"元荡的示范效应

元荡工程是示范区首个一体化生态建设的重点项目，最初只是被理解为示范区内的一项生态环境治理工程，但很快演变为体现一体化特征的基础设施贯通工程、文旅融合工程、体制机制创新工程和生态惠民的幸福工程。元荡生态品质和功能的快速跃升，不仅反映了相关主体对生态造就和生态价值的理解，更反映出示范区创造、维护和运用美丽的卓越能力。

一、元荡改造的工程简介

元荡是上海市21个天然湖泊之一，位于沪苏省际边界、示范区"水乡客厅"北缘。湖体水面积13平方千米（上海部分3.1平方千米、江苏部分9.9平方千米），岸线全长23千米（上海段6.2千米、江苏段16.8千米）。曾经的元荡根据省界线用毛竹和网片分割开来，4千米长的网障纵贯南北，沿岸交通阻隔、野树杂草丛生。

2020年，以示范区一周年国家现场会为契机，青浦区携手吴江区启动生态岸线整治，统一理念和标准，创新审批和推进机制，探索形成"共绘一张蓝图、共商一套标准、共建一批机制、共推一个计划"的经验，着眼最好效果，体现最快速度，133 天完成 1.2 千米生态岸线贯通、105 亩退渔还湿、11.3 万平方米水生态修复、12 万平方米花海主题景观绿化。2021 年又完成 1.9 千米，形成入口公园、风景森林、湿地风光三段主题特色。建成后的元荡青浦段"醉美郊野湾"碧波荡漾、花草繁盛，与吴江段"智慧门户湾"串联成画，彰显了一体化生态建设示范效应。①

二、元荡治理的经验做法

（一）对标世界著名文化湖区，坚持最高标准

2018 年，青浦区启动淀山湖岸线贯通方案研究，并上升到全市"一江一河"（黄浦江、苏州河）高度。2019 年 11 月后，充分吸收并融合示范区最新规划要求，对治理范围和格局进行优化调整，形成淀山湖、元荡 23.9 千米岸线（淀山湖 17.7 千米、元荡 6.2 千米）整治达标，打通 20 处堵点、39 处断点，打造"三道、十景"的总体岸线贯通方案，同时融入更多人文景观元素，向外辐射，连接区域内其他人文景点，以满足著名文化生态湖区建设要求。②

---

① 目前，上海境内剩余 3.1 千米岸线也已基本贯通，总体按照"四个坚持"进一步塑造特色（坚持开放贯通、坚持便民利民、坚持生态低碳、坚持传承文化），以"十里画廊，寻芳江南"为主题，充分利用现有植被、地形肌理和人文资源等要素，结合大观园红楼文化，将十二金钗的人物故事通过景观再现，构建"一廊十二景"，打造元荡"诗画江南湾"。

② 为体现示范区联合治理效应，青浦与吴江共同对元荡生态岸线贯通和湖滨生态修复方案进行整体策划，形成"一环、六湾、多点"（一环即打造一条高品质沿湖贯通环线，六湾即形成六大主题湖湾区，多点即串联多个景观节点）的总体空间布局。

（二）聚焦滨水空间优化升级，创新治水理念

与传统水利项目相比，元荡工程项目通过采取滨水空间更新改造策略，将一道传统的防洪堤岸，打造为一条生态绿色的景观门户带。一是岸线贯通。构建环湖廊道，打造陆域80米范围生态缓冲带，提升滨水空间环境。沿岸线新建的车行道路，与东航路连接，实现1.2千米岸线贯通，并为今后环湖马拉松赛、环湖自行车赛预留空间。二是退渔还湖。建设生态湿地，对105亩渔塘进行退渔还湖，大大增加水体面积，充分利用现状地形构建12个可淹可露生态湿地小岛，通过水上栈桥进行串联，打造观赏湖湾湿地，提升湖体水环境质量。三是生态修复。岸线往湖区50米宽度进行水生态修复，种植沉水、挺水植物，形成水下森林，投放鱼类和底栖动物，打造层次丰富的水体净化网络；岸上以"醉美乡野，田园绿道"为景观设计理念，延续现状郊野风貌，以花海为主题，打造"水润吴根越角，花开上海之门"。

（三）开展跨界河湖联合治理，发挥示范效应

作为示范区首个跨界河湖联治项目，青浦、吴江两地紧密对接，创新审批机制，统筹前期规划，统一设计理念和标准，充分发挥一体化治理、联保共治的示范效应。一是共绘一张蓝图。双方共同就建设目标、范围、时序、资金安排等重大方向性问题进行会商，决定同步一体化实施元荡生态岸线贯通工程，并在考虑双方规划诉求的基础上，最终形成协调、统一、有机的规划蓝图。二是共商一套标准。在项目前期设计阶段，两区在设计标准、功能定位、现场条件、单位投资等方面均存在较

大的差异，经过反复会商，最终达成了高标准建设的统一思想。^①三是共建一批机制。元荡慢行桥工程横跨两区，经协商委托吴江区汾湖建设局作为实施主体，统一开展设计方案编制和招投标等建设管理工作，青浦区配合开展前期腾地、行政审批等相关工作。在符合两区建设标准的前提下，统一由一家设计单位编制设计文件，共同组织方案评审，以行政边界线为界，按照建设程序由青浦区发改委和吴江区行政审批局分别立项。四是共推一个计划。一期工程双方明确以 2020 年 10 月底作为竣工节点，倒排节点形成一张推进计划表，实行"挂图作战"模式，确保工程如期完成。考虑到项目间施工界面存在交叉，在施工单位进场之前由双方协调完成施工界面的划分，统筹商定交界面施工工序，共享施工便道、场所等设施。

（四）着力生态文化资源转化，开展产业运筹

一方面，青浦区与吴江区水务部门在太湖局和示范区执委会的指导下，不断加强与周边区县对接，进一步加快淀山湖、元荡等跨界河湖治理。另一方面，示范区文旅部门也在执委会牵头下，积极落实《长三角一体化发展示范区江南水乡古镇生态文化旅游圈建设方案》。元荡及周边资源成为其中重要和珍贵的文旅支点。为了把元荡生态资源更好地转

---

① 防洪标准统一按不低于 5.50 米（上海吴淞高程）控制；环湖道路宽度统一按不小于 6 米控制，统一路面铺装面层透水沥青砼，骑行道黑色，跑步道灰色，漫步道采用条石铺装，标牌和灯具风格统一，一杆多用，形式简洁；主干道两侧苗木规格统一按不小于 14 公分控制，绿化建设标准统一采用 380 元 / 平方米，保持最终建成效果的一致协调。

化为文旅资源，提升产业资源运筹能力，元荡工程接力推进了三期，以设计之力助推著名文化生态湖区建设。它依托既有文化、建筑、园林和生态资源，构建一条江南水乡文化长廊，打造元荡"诗画江南湾"。①

三、"醉美"元荡的生成机制

元荡建设工程立体展现了示范区以一体化的热情和智慧不断提升美丽的创造能力、维护能力、综合效用能力和持久化能力的生动过程。

一是树立"尚美"理念。"尚美"就是在生态建设中不仅要满足实用需求和科学要求，而且要具有"尚美"理念，以基于科学的美学眼光去设计和建造生态场景。元荡工程始终有一种"尚美"的理念。一尚大气之美。坚持开放贯通，不仅是区内贯通，而且是跨区贯通，从而显出一种整体感和大气范。二尚人气之美。坚持便民利民，通人情、彰人文、聚人气、遂人愿，真正做到以人为本。三尚清气之美。坚持生态低

---

① "诗画江南湾"的设计理念：一是擦亮生态底色，营造滨水空间。在满足防洪要求的同时，满足滨水岸线生态修复、交通和滨水空间营造的要求。营造更丰富的滨水空间，提高湿地、森林等自然生态系统的生物多样性和固碳能力，彰显江南水乡的自然生态之美。二是接续文化传承，融入复古元素。融入金泽古镇"桥乡文化"，体现金泽古镇"江南第一桥乡"的历史画卷。同时，项目毗邻大观园，场地现状林木葱郁，是古典园林的写意，江南印象的缩影。将大观园内金陵十二钗所代表的花卉与花朝节结合。"十二花历，月月花开"，在元荡湖边演绎一场"江南花事"，形成了"十二景"，并通过文化廊、文化墙、栏杆诗词、铺装诗词、雕塑小品等方式彰显文化魅力；同时，通过水与步道、水与植物、水与园林建筑、水与桥的因借，构建典型的江南园林式水岸空间。三是坚持以人为本，打造便民工程。在陆域控制范围内侧新建滨水贯通道路，临湖新建人行漫步道和骑行道，形成"慢步道、跑步道、骑行道"等多功能道路系统；同时新增1处停车场。晚间，"沉淀""婉约"的灯光照明设计，进一步丰富了夜游活动，使得元荡的夜也精彩非凡。

碳，不砍不伐、优化提升，保留近 1000 亩林地；因地制宜、合理布局，新增乔木约 8000 棵；利用现状鱼塘生态化改造，退渔还湿 325 亩，水质长期保持 Ⅱ 类以上；总体实现"四季有色、四季有香、四季有景"。四尚文气之美。新建 12 座仿古拱桥，传承"桥乡文化"；恢复蒹葭苍苍、蒲苇轻舟意境，重现"渔乡文化"；打造"一廊十二景"，丰富"红楼文化"等。

二是共绘"和美"蓝图。"和美"就是按照一体化要求、体现大系统观念，自觉把项目放在大时代、大政策、大市场、大生态的视野下来谋划，同时注重内部的结构优化和元素协调、相关主体利益的和谐、生态保护与生产生活的有机衔接等。元荡工程建设的背后是一体化制度创新的强有力支撑。① 项目过程通盘考虑生态治理与提升、保护与传承、环境美化与产业机会，通过充分挖掘和不断提升元荡环湖生态价值，修复生态岸线、改善环境品质，促进生态、生活功能的有效融合，营造一个水绿交融、人与自然相和谐的美好环境，发挥水的综合效益。

三是开展"向美"创新。美的实现并非一帆风顺。"向美"是一种主体心向，更是一种行动意志。当美丽图景实现过程中遇到障碍时，要敢于创新、大胆突破，体现出理念创新、制度创新、技术创新的勇气和

① 在一体化背景下，实行共同绘制蓝图，即按照"一环、六湾、多点"总体布局，打造"水润吴根越角，花开上海之门"滨水空间；共同商定标准，即联合设计、相互对表、围绕水安全防线、水生态系统、水活力空间、水环境健康等形成一体化实施标准；共同建立机制，即统一方案、分头立项、相互授权、轮流委托；共同推进计划，青浦、吴江共同商定，从 2020 年起，青浦分三期、吴江分四期，至 2023 年 23 公里全线贯通。

智慧。面对贯通康力大道工程遇到的跨区域规划、审批和建设标准等一系列难题，示范区执委会当起牵头人和协调者，与双方建设、设计单位进行了多次对接沟通。又如，水乡客厅项目中的蓝环工程，实施过程中遵循"一张蓝图管全域、一套标准管品质、一个主体管开发、一个平台管实施、一体化制度管治理"的"五共"机制，探索构建了跨区域一体化生态绿色基础设施工程建设新模式。

四是突出"特美"优势。抓住特点，发挥优势，是搞好工作的基本要领。元荡工程的设计和实施过程非常注重研究特性、珍惜特别、发挥特长、突出特色。比如，三期依托日月岛度假村、上海大观园等现状古典园林资源特色，以"十里画廊、寻芳江南"为总体定位，采用分区分级防洪、生态护岸建设、滨水生态修复、人文资源植入等手段，将大观园十二金钗的人物故事通过景观再现，形成海棠石醉、梅廊慕雪、平湖风荷等十二景，构建一条江南水乡文化长廊，丰富江南文化体系，打造元荡"诗画江南湾"。从中可以看出其突出"特美"优势之方法。①

五是强化"成美"执行。元荡工程是示范区首个一体化生态建设的

① 一要尊重规律，谋制宜之策。元荡工程做到了因时制宜、因地制宜、因事制宜和因势制宜，充分运用政治资源、制度资源、组织资源、生态资源、科技资源和文化资源。二要珍惜特别，护特色资源。元荡工程在保护特色资源方面，做到小事不马虎，大事不糊涂。尤其是对那些珍稀的生态资源和文化资源，更是做到了像保护自己眼睛一样自觉。三要扬长避短，走精兵路线。出类拔萃的品牌，不是自然而然形成的，它需要精心的运筹。元荡工程通过精心打造，美得让人惊叹，美得让人留恋，美得让人点赞，加上便捷的交通和精心的服务，很快形成强大的磁力。

重点项目，形成了"一个标准、一张蓝图"总体方案，体现了"跨区域、跨流域"协商共治要求，彰显了一体化建设机制优势，为河湖滨水空间生态更新改造提供了范本。元荡工程的速度和质量，既需要顶层设计、科学规划，也需要各相关方的相向而行、精诚合作；更需要基层奋力、摸爬滚打。各方各层抱着"功成不必在我，功成必须有我"的信念，汇聚成"成美"的磅礴之力和集体行动。

第四章

示范区一体化高质量发展制度创新

示范区坚持生态筑底、绿色发展和土地节约集约利用，加快探索生态友好型高质量发展新模式。在"不破行政隶属、打破行政边界"的原则下，探索建立统一规划管理制度、示范区存量土地一体化盘活机制、省际毗邻地区重大项目建设联合推进机制、示范区"双碳"产业政策等，促进生态绿色一体化高质量发展。

第一节　厚植发展基础的关键领域制度创新

一、统一规划管理制度创新

示范区坚持高水平规划引领，着力在规划编制、规划审批、规划实施全过程进行规划管理制度创新，率先在国土空间规划体系、编审体系、规划建设标准体系等方面探索，基本形成跨省域统一编制、联合报批、共同实施的国土空间规划管理体系，实现"一张蓝图管全域、一套标准管品质"。一体化编制示范区国土空间总体规划和各类专项规划，有利于各个专项工作在国土空间总体规划中实现一盘棋统筹；有利于进一步深化各领域重大问题研究，挖掘一体化制度创新红利；有利于进一步聚焦近期、聚焦重点，在三地交界地区率先形成合力。

（一）统一规划管理制度创新过程的主要做法

一是"共编"。由沪苏浙两省一市职能部门共同牵头编制示范区国土空间规划和专项规划，联合组建省市县三级政府、八个相关方面共同参与的工作专班，委托高水平第三方设计团队开展编制。

二是"共研"。各规划牵头单位会同示范区执委会围绕规划中期成果、征询意见成果、规划重大问题等重要节点召开专题会，协调各方诉求、形成统一认识，为两省一市及时达成一致意见提供基础。邀请清华大学、同济大学、东南大学等国内顶级规划团队提供专业支撑。

三是"共推"。按照"省级统筹、求同存异"的方法协调解决问题。省级统筹是指两省一市职能部门负责协调本省各市、区、县意见，达成一致后一并反馈牵头单位。求同存异是指根据三地不同情况，暂时搁置难以达成一致意见的问题，允许三地在具体指标和布局方面存在一定差异；同时不断放大三地共同目标，找到最大公约数，形成基本共识。

四是"共议"。在规划报批流程上，两省一市联合按程序同步分头推进，设置了30天的规划公示期，充分吸纳社会公众和各方专业力量的意见。"一个本子、三家同步"，同时开展规划审批程序。

（二）统一规划管理制度创新成果的突出亮点

一是统筹建立了完整的示范区国土空间规划体系、跨省域统一的编审体系和先行启动区规划标准体系。示范区构建跨区域一体多类规划协同的"1+1+N+X"国土空间规划体系，即"1"个总体规划、"1"个单元规划、"N"个专项规划、"X"个控制性详细规划。形成跨省域统一编制、统一审批的编审体系，制订跨省域国土空间规划编制指导手册，明确规划组织编制、协商机制、审批机制以及编制要点等，对示范区国土空间规划编制提出全方位要求，进行全过程指导。① 制定示范区先行启动区规划建设导则，形成国内首部跨省域范围规划建设标准。坚持规划标准"就高不就低"，统一先行启动区规划标准；实行底线管控、弹性发展结合的"刚弹"两级管控规则等。

二是空间总体规划定位为指导示范区长远发展和总体空间安排的法定规划，明确空间战略、区域协同和底线管控原则。明确示范区将打造成为人与自然和谐共生的生态空间、全域功能与风景共融的城乡空间、创新链与产业链共进的产业空间、江南韵和小镇味共鸣的生活空间，以及公共服务和基础设施共享的服务空间。明确示范区的开发强度，建立了覆盖示范区全域的生态保护红线、永久基本农田、城镇开发边界、文化保护控制线"四线"管控体系。这是国内首份由两省一市共同编制、具有法定效力的跨省域的国土空间规划，对于一体化制度创新具有标志性意义。

三是专项规划深化与上海市区、江苏苏州、浙江嘉兴的错位发展和相互配合。突出生态绿色特征，以示范区生态敏感性最高、生态本底最

---

① 执委会联合三地政府共同组建了示范区规划委员会，并制定了示范区规划委员会章程，规范议事方式，完善规划决策机制，提高议事效率和决策科学性。制定示范区先行启动区控详规划编制审批操作手册，创新先行启动区控制性详细规划联合编制审批运行机制，318 国道（方厅水院段）专项规划、朱家角卫生服务中心控规调整等顺利完成联合编制审批。

优的淀山湖、元荡为主体构建生态绿心。产业发展方面构建"研—学—产"协同共进布局，形成接轨国际标准与技术前沿的"正面清单"和倒逼传统产能退出或升级的"负面清单"。统筹构建高效快捷的轨道交通系统，打造扁平化等级道路交通网络，构建风景道、蓝道、绿道等特色交通系统。

四是示范区结合规划制定工作方案，围绕规划组织编制、协商机制、审批机制等要点编制了《指导手册》。内容聚焦三个方面：突出示范带动作用，对总体规划全过程进行总结提炼；对规划编制体系进行优化完善，系统梳理组织编制、技术要点、规划审批等各环节；保障规划的可操作性，确保总体规划与上下位规划有效衔接。

二、统一项目管理制度创新

省（市）际联通基础设施建设、合作共建产业园区、引进新建重大跨地区项目等经常会涉及跨行政区项目准入、审批、管理。但在传统项目管理体制中，由于各省项目管理要求、标准、制度均不相同，很难实现统一管理。示范区执委会和两省一市项目管理部门开创性地推动项目核准、产业发展指导、产业准入等方面的制度统一，实现了"一个目录明导向、一个标准定准入"，降低了跨区域投资的制度成本和协调成本，优化了产业布局和要素资源配置，为跨区域项目统一管理提供了宝贵经验。

（一）统一项目管理制度创新过程的主要做法

一是做到"两个坚持"。针对苏浙沪两省一市的企业投资项目核准目录在核准范围、事项表述、权限划定的差异性，坚持最大限度缩小核准范围 ①；最大限度下放核准权限 ②。

二是认准"四个导向"。以生态绿色为本，发展资源节约型、环境友好型产业；以创新驱动为要，加快探索"知识创新引领、软投入驱动、小尺度开发、高价值输出"的新模式；以提质增效为重，强化供给侧结构性改革，构建绿色创新的现代产业体系；以一体化发展为基，注重发挥集成优势，走好协同一体发展道路。

三是坚持共商共议共推。注重听取省市和地方发改、商务、科技、金融、环保、文旅、体育、农业等部门及相关乡镇意见建议，汇聚各方共识，借鉴雄安新区以及日内瓦湖、松山湖、青山湖、金鸡湖等国内外知名湖区建设经验，形成相关制度成果。

（二）统一项目管理制度创新成果的突出亮点

一是衔接多方、联合立法，制定统一的企业投资项目核准目录。示范区执委会会同两省一市发展改革部门系统梳理研究国家及上海、江苏、浙江三地的投资项目核准目录，做好与国家、两省一市现有目录的有机衔接，因地制宜整合制定示范区内统一的核准目录。两省一市人大联合立法，通过《关于促进和保障长三角生态绿色一体化发展示范区建

---

① 对于国家明确由地方政府可以自行确定实行核准或者备案的项目，凡是两省一市中一地已实行备案管理的在示范区内原则实行备案管理，实现最小范围核准。

② 除规定由国家核准的事项外，省界跨区域项目由示范区执委会负责核准；除国家明确要求保留在省级不得下放的核准事项外，非跨界项目能放尽放，核准权限全部下沉至青浦、吴江和嘉善。

设若干问题的决定》，首次就示范区建设同步作出法律性问题决定，授权示范区执委会行使省级项目管理权限，按照两省一市人民政府有关规定统一管理跨区域项目，负责先行启动区内除国家另有规定以外的跨区域投资项目的审批、核准和备案管理。

二是立足基础、彰显特色，制订统一的产业发展指导目录。提出功能型总部经济、特色型服务经济、融合型数字经济、前沿型创新经济、生态型湖区经济"五大经济"为主导的产业发展方向，推动三二一产业融合创新发展。

三是聚焦增量、试点先行，制定统一的先行启动区产业准入标准。一方面，聚焦做优做强"增量"文章，立足有限产业空间，从源头有力提升新增产业质量，实现以增带存、以增优存、以增改存。另一方面，围绕项目全过程管理，聚焦先行启动区试点推动产业投资项目一体化管理服务。

三、要素自由流动与财税分享制度创新

示范区着眼最大程度降低企业进入市场的制度成本，促进市场经济要素在示范区内自由流动，探索建立促进各类要素自由流动的制度安排和区域投入共担、利益共享的财税分享管理制度，由点到面、由易到难逐步打破跨省域人财物流通壁垒、统一相关制度标准。

（一）要素自由流动与财税分享制度创新过程的主要做法

一是坚持需求导向。将市场要素流动相关需求放在政策制定和制度创新的首位，在工作过程中与有关部门和市场主体等进行充分对接，多维度了解要素流动一体化存在的需求和困难，避免制度创新脱离市场实际。

二是坚持联合协商。示范区执委会将统筹协调、联合协商贯穿工作始终，注重区域之间、主体之间利益平衡，采取多种形式对有分歧的意见进行磨合，集思广益。

三是坚持科学决策。循序渐进开展跨区域的要素流动一体化政策制定和制度创新，谋划时充分表达各方的想法，协商时努力形成共同的看法，落实时严格按照统一的做法，不断凝聚共识、平衡利益、统一行动，推动各方从不一致走向一致。

（二）要素自由流动与财税分享制度创新成果的突出亮点

一是畅通人才流动。针对跨省域人才资质认定标准各异的问题，示范区执委会会同两省一市有关部门联合出台《长三角生态绿色一体化发展示范区外国高端人才工作许可证互认实施方案》，明确在示范区给予外国高端人才工作许可期限最长五年，三地实施人才统一互认措施并设立外国人工作、居留单一窗口，为用人单位提供办事便利。修订《上海市海外人才居住证管理办法》，将吴江、嘉善的海外人才视同上海海外人才。出台《长三角生态绿色一体化发展示范区专业技术人才资格和继续教育学时互认暂行办法》，专业技术人才职业资格、专业技术职务任职资格、继续教育学时等方面实行互认互准。

二是方便企业办事。针对两省一市在企业登记条件、程序、方式等标准上存在的差异，示范区执委会联合两省一市市场监管部门联合出台《长三角生态绿色一体化发展示范区统一企业登记标准实施意见》，选择企业登记事项中社会关注度最高、与企业关系最为密切的名称、住所等事项为切入点开展改革，凸显集聚效应。以统一市场准入制度为核心内容，使企业能够充分享受制度变革红利。依托数据共享平台，在长三角政务服务"一网通办"专栏建立统一办事入口，实现跨区域身份认证。

三是探索财税分享。示范区依托自助办税终端和实体办税服务厅窗口等便捷跨区域涉税事项办理，服务模式上实现"标准统一、异地受理、内部流转、属地办理、限时反馈"，在区内注册经营的纳税人可在三地就近选择办税服务场所，完成包括信息报告、发票办理、信息查询等共4类15个事项。同时，在三省两市（上海市、江苏省、浙江省、安徽省和宁波市）电子税务局系统架构上建设长三角一体化电子税务局，建成界面、业务和功能标准统一的"长三角电子税务局办税专栏"，实现16项征管服务和5项"一网通办"措施。①

四、协同公共服务制度创新

基本公共服务均等化是区域协调发展的重要内容。示范区针对三地公共服务标准差异，加快探索基本公共服务均等化路径，在教育、医疗、旅游、交通等多领域创新出一套行之有效的合作模式。

（一）协同公共服务制度创新过程的主要做法

一是明确项目清单。系统梳理现阶段三地公共服务执行的政策、文

---

① 为保障示范区先行启动区的建设发展和运行，两省一市还按相同比例共同出资设立示范区先行启动区财政专项资金，三年累计投入规模不少于100亿元。资金使用按照三地三年总体平衡的原则执行，重点支持先行启动区跨区域项目、示范区能力建设项目、执委会运行保障等。

件、标准，以此为基础列出可参照上海标准执行的项目清单，成熟一条推进一条，建立规范标准体系。

二是各方对接磋商。由示范区执委会统筹搭建公共平台，突出共建共享，标准就高不就低。两省一市行业管理部门组建领导小组，形成多部门、多渠道的会商协调机制。

三是共同出力建设。涉及资金预算的问题由三地共同承担。①

（二）协同公共服务制度创新成果的突出亮点

一是建立公共服务共建共享机制。示范区共建共享公共服务项目清单（第一批）共 20 条，涵盖卫生健康、医疗保障、教育、文化旅游、体育、养老、交通、政务服务等八大领域，在三地原有"基本公共服务清单"基础上进一步形成属地政府保基本民生、示范区执委会牵头、彰显一体化高质量底色的格局。

二是公共卫生领域一体化。示范区建立医疗保障同城化机制，实现跨省医保直接结算免备案、跨省统一医保经办服务、跨省异地医保基金联审互查、医保异地结算项目广覆盖。建立卫生监督三地联动执法机制。②

---

① 如三地加强对公交跨省运营的额外费用支出的财政补贴支持，共同通过财政核销形式免除跨省公交过路费。充分利用技术手段辅助解决问题，如医保异地结算在不触及各方核心利益的前提下，通过技术手段将不同地区的医保目录和参保人信息全部整合在一个系统中。

② 三地卫生监督机构开展重点工作项目、专项执法项目联合执法，统一处罚裁量基准模式，建立执法联动、信息互通、联合培训一体化的工作架构。

三是教育领域一体化。示范区围绕职业教育招生录取、教学标准、学籍管理、专业设置、教师信息服务、升学就业、产教融合、高端职业教育资源打造等8个方面制定职业教育近中远期目标。①

四是旅游领域一体化。示范区统一旅游形象识别符号，统筹旅游信息发布渠道，共建示范区智慧旅游服务平台，协力推进旅游公共服务项目，经费由三地平均分担。三地共同制定跨区域古镇群落联动发展机制，共同编制江南水乡古镇生态文化旅游圈建设方案。

五是公交领域一体化。三地联合成立跨省域公交联运机制②，消除了毗邻地区原先公交线路设置上的"各自为阵"。

六是信用领域一体化。在统一公共信用信息归集标准方面，示范区以国家标准为基础，用数据标准引领制度标准统一；尊重地方差异，凸显区域特色，不改变三地原有数据归集标准，保留各地原有数据模式，同步进行示范区数据归集标准建设；强化制度标准统一与技术实践的衔接，制定公共信用信息归集标准规范，明确各项信息的信息项名称、数据标识、数据类型、数据长度和备注等信息，将制度标准转换为数据语言，为三地数据库建设、平台针对性改造奠定了基础。

---

① 近期要实现统一职业院校招生录取，统一中等职业学校教学标准，实现区内学分互认、中职学生跨校选课、学习成果互通互认。中期将建立中等职业学校专业设置、职业教育教师信息服务、职业院校学生升学就业等平台，探索跨省职业教育"中高贯通"人才培养模式改革。远期将加强职业教育高端资源建设，沪苏浙共同引进高端职业教育资源开展合作办学，打造长三角职业教育高地。

② 三地公交部门按照高标准、舒适性、绿色环保等要求统一规划、联合实施，按照"成熟一条、发展一条、规范一条、逐成体系"的原则跨界串连、形成闭环。

第二节　示范区存量土地一体化盘活机制

为全面落实新发展理念和长三角一体化发展国家战略，积极探索政策引导、政府推动、市场运作相结合，生态文明和经济发展相得益彰的存量土地盘活新路径，实现绿色经济、高品质生活和可持续发展相统一，示范区执行委员会牵头三地制订《长三角生态绿色一体化发展示范区存量土地盘活工作方案》(以下简称《存量盘活方案》)，并于 2020 年 7 月 23 日正式发布，为做好示范区国土空间规划实施、土地资源保障和推动土地利用方式转变奠定制度基础。

一、制度内容与实施情况

（一）制度内容

《存量盘活方案》重点聚焦"一河三湖""一厅三片"、重点产业区块等重点功能区域，空间上结合示范区国土空间总体规划，明确新增建设用地指标来源，统一三地"存量盘活"概念，形成两级五类存量土地盘活模式，明确减量化、更新盘活和增减挂钩、增存挂钩区域，明确存量土地盘活重点区域，并建立"项目库"；时间上以"近期落实、中期谋划、远期展望"为推进目标，以资源家底排摸和盘活现状、潜力分析为基础，明确 2020—2025 年的各类存量土地盘活推进节奏和安排，形成年度实施计划。

（二）实施情况

示范区三地在《存量盘活方案》指引下，积极开展存量土地资源盘活工作，按照"成立一套班子，构建一套机制，配置一套政策"的工作思路，以优化产业结构、推动产业升级转型为目标，以产业园区、居住组团为重点对象，探索空间结构更加优化、资源保障更加有力、百姓生活更加富裕的高质量发展新路子。

1. 践行绿色发展理念，加强生态环境综合治理

围绕生态绿色发展理念，聚焦生态保护红线、水源保护区等重要生态敏感区，着力生态环境质量提升和水源涵养，以太浦河、淀山湖、元荡湖、汾湖等重要跨界水体生态环境综合治理为重点，加大低效建设用地腾退力度，实现生态空间提质扩容。青浦中小河道周边工业企业重点区域的低效用地减量工作已基本完成。吴江推进元荡西岸片区和黎里揽桥荡片区等区域拆除重建范围用地，在治污、治违、治隐患的"三治"工作推进中推动行业"连片治理，整体转型"，结合"退二优二"，加速"腾笼换鸟"，引导散乱污小微企业用地腾挪或重新入园。嘉善推进杭州湾跨海大桥北连接线和申嘉湖高速沿线环境整治项目，通过园林景观的手段修复原有的生态系统，恢复沿线自然的生态面貌；开展祥符荡创新中心转型重点区文化旅游产业开发，进行生态环境治理。

2. 以全域土地整治为抓手，推进美丽乡村建设

坚持生态筑基、绿色发展，以村庄规划为依据，以全域土地综合整治为切入点，稳步推进农村居民点整理，拓展城镇发展空间，促进农村居民点向中心村和新型农村社区适度集中。青浦区进一步推进城市开放边界外现状建设用地减量化工作。通过农村地区农民住房合理规划、管控，实现农村土地节约集约。① 吴江稳步推进农村居民点整理，推行城乡建设用地增减挂钩，优化农村土地建设用地布局，通过集中归并或进城落户等方式落实农民居住，改善农村生产生活条件。积极探索农村人口进城落户的人地挂钩，将住宅及保障性住房用地需求、产业发展用地需求、公共服务设施用地需求统筹考虑，保障和提升进城落户农业人口生活就业环境。

3. 引逼结合引导企业转型升级，盘活存量工业土地

细化空间资源腾退方案，推进各区镇工业园区"退低进高"，通过城镇低效用地再开发，盘活存量土地资源，促进存量建设用地"二次开发"。青浦通过优化产业项目全生命周期，再细分到各街镇的产业结构调整目标分解表，推进老旧企业实现转型。为促进低效产业用地再开发，通过倡导整体转型、允许有条件零星转型，节余土地分割、提高容积率等提高土地使用效益。② 吴江对照产业用地更新目标任务，借力"三治""三优三保"工作，推进工业用地从"小集聚，大分散"逐步向"大集聚，小分散"转变。③ 嘉善以倒逼企业转型升级为抓手，全力盘

---

① 青浦区制定全区、全镇土地全域整治工作管理办法，推进农用地整理、建设用地管理、生态保护修复和各类乡村建设行动，推动耕地和永久基本农田集中连片以及质量提高，进一步优化空间格局、人居环境提升产业融合发展水平。

② 目前，华为青浦研发中心周边重点区域、商榻社区重点区域、中小河道周边工业企业重点区域的低效用地减量工作已基本完成。朱家角工业园区完成全部 59 家企业调整，通过市、区两级验收，争取两级财政扶持资金 1 亿元，腾出土地约528.39 亩、可再利用土地 475.55 亩，新引进企业 40 家，产业项目质量逐步提升。

③ 2021 年以来，以亩均税收 3 万元以下的企业作为整治重点，更新腾退低效企业地块共计 391 宗、面积 6065 亩，实现工业用地增量出让逐步转为存量出让。2020—2021 两年间，吴江区工业用地供地存量占比达到 58%。

活工业存量土地。主要的做法包括工业企业"退散进集"和村集体经济"飞地抱团"。①

4. 一体化政策指引下鼓励地方探索，创新盘活政策

在梳理整合两省一市现有政策的基础上，鼓励结合地方特点和试点项目打通政策瓶颈，在实施中调整优化完善，并依托"项目库"加强存量土地盘活奖励、财政贴息等资金支持。青浦为推进低效建设用地减量化工作，将减量化完成任务纳入区政府对各街镇的年终考核。对涉及的街镇、区级公司，由区级部门统一收购并拨付新增建设用地和占补平衡双指标收购资金。吴江划定工业保障线保障工业用地需求，通过线内严格准入和建设要求，线外控制新增，通过合并底数、目标等"同类项"，加大产业用地更新力度。② 嘉善聚焦农房有序改造集聚和保护提升特色自然村落两条主路径，注重建立多维激励体系和多重要素保障政

---

① 加快小微企业园规划建设，建立村级抱团出资、财政专项出资、政企共同出资、企业单独出资等多元投资模式，县财政配套每年1500万元专项扶持资金，引导布局零星散乱但有发展潜力的企业腾退后入园发展。县级层面统筹规划，由经济薄弱村及当地政府共同投资建设，跨区域开展多村联建"两创"中心项目，将各村腾退"低散乱污"企业获得的土地指标和资金整合起来，引导经济薄弱村将分散的资源集聚至"飞地"项目。选择规划符合产业发展导向的强村项目进行投资，实现村集体经济"抱团发展"。2019年至2022年6月，共完成低效用地再开发项目104宗，面积2891亩。

② 2020年，吴江区印发《关于印发吴江区加快推进产业用地高效利用的若干措施（试行）的通知》，文件一方面强化效率评价，依托区工业企业资源集约利用平台，完善监管制度，加强低效用地监管，强化双合同监管；另一方面，鼓励工业制造业和生产性研发项目出让用地提容增效，鼓励提高土地利用率，完善提质增效奖励机制。

策。① 注重土地和资金要素保障，建新区时可先挂账使用全县建设用地指标，等拆旧区复垦后再核销；可先预支县级财政专项资金，等指标盘活后再偿还。

二、主要经验与推广情况

（一）主要经验

《存量盘活方案》是探索跨区域一体化的存量用地布局优化、结构调整和内涵提升的一项制度安排，方案坚持"统一概念、统一底版、统一标准、统一成果"的要求，重点聚焦"一河三湖""一厅三片"、重点产业区块等重点功能区域，重点回答"从哪里来？"；"到哪里去？"；"重点在哪里？"三个问题，构建了空间、时间、政策"三维一体"实施体系，并围绕先行启动区进一步聚焦近中期，至 2022 年，存量土地盘活面积 9.78 平方千米，至 2025 年，存量土地盘活面积 21.15 平方千米，同时明确近期年度计划扎实推进。实施两年以来，三地积极开展地方探索，在"以减定增"推动低效建设用地减量化、引逼结合引导企业转型升级、"一保五化"推进全域土地整治、依托"项目库"加强盘活奖励、财政贴息等资金支持等方面创新盘活政策，在生态环境综合治理、美丽乡村建设、产业结构优化和产业升级转型方面形成了一批典型案例。截至 2022 年 6 月，示范区存量土地盘活工作已完成计划要求的 88%，为

① 按照"不要多贴钱，甚至可装修"的原则，设定旧房拆迁补偿和新房购置价格标准，县财政按 5 万元 / 户和 10 万元 / 户对镇村实施主体再给予奖励；对基层，构建两个"100%"的激励机制，农房集聚盘活的建设用地指标 100% 归乡镇使用，土地出让金净收益 100% 由乡镇留存。

示范区生态绿色、一体化、高质量建设提供了土地资源保障，为推动土地利用方式转变发挥了重要作用。

（二）典型案例

1. 政府牵线搭桥，使低效用闲置土地焕发生机

苏州易豪仓储服务有限公司位于吴江区黎里镇318国道北侧，该地块原为江苏大富豪啤酒有限公司所有，后经转让、变更到百威英博大富豪（苏州）啤酒有限公司名下。由于百威英博公司战略规划等原因，企业长期处于闲置和低效利用状态。政府用回购再出让的方式供给苏州易豪仓储服务有限公司，不仅盘活了存量土地资源，提高了土地利用率，而且通过引入京东集团在云计算、大数据、物联网和移动互联应用等多方面的长期业务实践和技术积淀，实现了企业自动化生产和管理。① 通过对闲置低效用地的产业更新、综合整治等方式，引导高耗能低产出企业退出现有地块使用权，在原有土地上由政府利用存量资源开展招商引资，实现产业转型升级，腾笼换凤，释放用地潜

---

① 项目由1号仓库、2号仓库、3号仓库、坡道和综合楼等建筑单体组成，项目总建筑面积221568.48平方米，占地面积56369.75平方米，建筑密度56.17%，容积率3.699，建筑最大高度47.11米，绿地率10.20%。项目总投资12000万美元，注册资本5000万美元。3栋仓库为集生产、分拣、包装、存储、配送于一体化综合功能的现代化生产存储配送中心。后期运营采用5G技术构架园区内无人机、无人车巡检以及人防联动系统，实现人、车、货管理的实时监控和异常预警。本项目预计2022年年底投产，投产后预计销售约10亿元，税收预计约6500万元。传统模式中仓储配送中心多为单层建筑形式，占地面积大，容积率小，土地利用率低。本项目模式中，3栋存储配送中心皆为四层高层建筑，容积率大，土地利用率高。相比传统模式，提高了410.45%的建筑面积，相当于节约467.4亩的土地。

力，拓展纵向空间，提高土地利用效率和效益，促进工业用地提质增效。

2. 聚焦城乡融合，充分发挥全域土地综合整治效益

嘉善县姚庄镇展幸村等8个村庄全域土地综合整治与生态修复工程，以国土空间规划为引领，优化空间布局、激活农村产业、重构乡村肌理，依照"诗画田园，鱼果争鲜"的定位，实施建设桃源渔歌风景线工程，打造以文化体验、休闲度假为重点，可观、可游、可赏、可居的江南特色田园精品区，充分发挥了综合整治政策效益。

一是推动了人口集中。以农民自愿为前提实施全域土地综合整治与生态修复工程项目，得到了农民的积极响应。搬迁的农户"带地进城"，纳入城市社区管理与服务。同时已入住新社区的农户将多余房屋出租，吸引新居民租住，促进了农村人口的城市化和新居民的本地化。

二是改善了生活品质。搬入居民的新社区基本都是公寓房，户均面积均在200平方米左右，建设质量高、面积大。小区的"三线"全部实现地埋，超市、银行等公共服务设施配套完善，绿化率达30%以上。对居民实行"生活原则上以社区为主、生产原则上以原行政村为主"的"双重"管理模式，共享城市文明。

三是集约了资源要素。优化土地利用方式，有力保障了小城市建设项目的空间用地需求。政府由原来对农村基础设施和公共服务实施"撒胡椒粉"式的分散投资，转变为统一而节约的集中投资，节约了公共财政支出，提高了资金使用效率。

四是显现了生态效益。首先是通过对保留点的村落进行景区化改造，打造了 AAA 级景区村庄 2 个，AA 级景区村庄 1 个，A 级景区村庄 3 个，并串联成了一条"桃源渔歌风景线"。①

（三）复制推广

嘉善存量土地"全域盘活"举措创新和经验启示已纳入推动长三角一体化发展领导小组办公室印发的《关于做好嘉善县盘活存量土地创新经验复制推广工作的通知》，重点聚焦"标准地＋承诺制"供地制度、土地综合整治"一保五化"、工业企业"退散进集"和村集体"飞地抱团"机制、城市有机更新"三改三提升"举措、空间开发"立体多元"模式、美丽乡村建设"整治＋"功能化融合发展模式，在沪苏浙皖三省一市复制推广。存量土地一体化盘活机制已纳入复制推广示范区第一批制度创新经验，重点在苏锡常都市圈、宁波都市圈、合肥都市圈和杭绍甬一体化区域、皖北承接产业转移集聚区、皖江城市带、合芜蚌自主创新示范区、环巢湖地区以及全国其他区域复制推广。吴江提出的土地带合法建筑物重新上市做法，已获江苏省厅认可，待政策通道打通后，可在示范区内复制推广。

---

① 近年来，累计接待游客 208 万人次，实现旅游相关收入近 1.2 亿元。其次是开创现代农业小微产业园。通过"以棚换棚"的农业创新模式，有效解决了传统农业中的"插花田"问题，与此同时拓宽了农业产业链，加快推进了农业与二三产业的融合发展，目前已吸纳 60 户传统种植户入园，农户亩均增产达 20% 以上。通过全域土地综合整治项目的实施，让农户真实感受到整治带来的生态效益。

第三节　示范区省际毗邻地区重大项目建设联合推进机制

一体推进重大项目建设作为探索跨域区域一体化高质量发展路径的重要举措，是示范区加快形成集聚度和显示度的重要支撑。示范区成立以来，坚持制度创新和项目建设双轮驱动，不断探索省际毗邻地区重大项目建设联合推进机制。

一、行动计划与实施情况

2021年4月，示范区执委会会同两省一市发展改革部门和苏州市、嘉兴市政府联合印发《长三角生态绿色一体化发展示范区重大建设项目三年行动计划（2021—2023年）》（以下简称《行动计划》）。示范区三地不断健全跨域协同工作网络，按照《行动计划》确定的重点，聚焦"一厅三片"区域和生态环保、互联互通、产业创新、公共服务领域，重大项目建设联合推进取得阶段性进展。

（一）一体共识不断增强

自省际毗邻地区重大项目加快推进以来，两省一市有关部门坚持共建先行，优先实施跨域一体项目。如两省一市水利（务）部门聚焦省界湖泊元荡，不断探索和沟通，在"六个一"工作方法的基础上形成共识，联合实现元荡岸线贯通，打造示范区首个跨界河湖联治标杆。在交通领域，两省一市交通部门加大打通断头路力度，示范区22条断头路已有15条开工建设，剩余7条也在加速推进前期工作。在示范项目上，2021年长三角主要领导座谈会宣布集中开工7个生态环境治理项目，有 4 个位于示范区，其中 2 个已完工。

（二）重点区域加速推进

水乡客厅、青浦西岑科创中心、吴江高铁新城、嘉善祥符荡创新中心（以下简称"一厅三片"）将集中示范省际毗邻地区重大项目建设机制。"一厅三片"建设已于 2022 年全面启动。水乡客厅是苏浙沪两省一市联合打造的体现示范区生态绿色理念的功能样板区，其中的"江南圩田""桑基鱼塘"、蓝环水系中的"南北双环"均已开工建设。青浦西岑科创中心重点推进华为研发中心建设，目前西岑科创园区控规已经编制完成，进入建设阶段。吴江高铁科创新城苏州南站场站地下空间（水乡线、地铁 10 号线预留）已经开工建设，高铁新城集疏运体系一期工程开工建设；嘉善祥符荡创新中心科研总部已有嘉善复旦研究院、浙江清华长三院纳米医学转化中心（由中国科学院樊春海院士和张洪杰院士领衔）等创新载体进驻，祥符荡清水工程、竹小汇双碳聚落项目（一期）等重点项目加快推进。

（三）生态高地逐步呈现

示范区持续夯实生态绿色发展基底，重点围绕跨区域生态项目的生态岸线修复、清水绿廊等方面，全面启动"一河三湖"生态岸线修复和功能提升工程。其中，太浦河共保联治示范段完成 22 千米生态绿廊建设，元荡一半以上岸线（17.5 千米）已实现生态修复和功能提升，淀山湖生态岸线修复（一期）工程已经开工，二期工程进入可研阶段；青浦蓝色珠链、环元荡美丽湖泊群工程加快推进，蓝绿空间持续优化。

（四）跨界新路加速连通

按照互联互通、共建共享原则，积极推动多层次、立体化的交通网络体系建设。[①]

（五）创新动能快速聚集

依托一体化的资源禀赋和产业基础，强化功能互补、空间复合、创新融合，以"优势分工、集群共建、资源共享"为突破点，布局长三角科大亨芯研究院（吴江）、生命健康谷（嘉善）、华为青浦研发中心（青浦）等一批创新平台，落地英诺赛科半导体、格科微电子等一批先进产业项目，推动示范区产学研深度协同联动。以华为青浦研发中心为依托，围绕集成电路等相关产业，示范区加快集聚华为中下游产业链，提升区域产业整体能级，产业融合度更显张力。

2023年8月初，示范区跨省域高新技术产业开发区正式成立，这是全国首个跨省域高新区。高新区涵盖青浦、吴江、嘉善三个片区，规划面积约19.54平方千米，重点发展数字产业、智能制造、绿色新材料三大战略性新兴产业和总部经济、绿色科创服务两大特色产业，形成"3+2"的主导产业发展格局。三地将在高新区探索产业空间协同，形成更好产业体系，实现各方共赢；创新协同，打造共同的应用场景和试验平台，

[①] 公路交通方面，已经打通东航路—康力大道、叶新公路—姚杨公路等6条省际断头路。积极推动汾湖大道—兴善公路，浦港路—金南路，金商公路—嘉善大道等省际断头路新开工。轨道交通方面，沪苏湖铁路上海段首个连续梁顺利合龙，标志着沪苏湖铁路建设进入加速模式；沪苏嘉城际铁路在三级八方的共同协商下于2022年7月13日在上海青浦、江苏吴江和浙江嘉善三地同步开工。

技术共同研发，创新载体共建共用共享；人才协同，实现人才共育，从而有力推动长三角地区科创资源融合发展和企业提质升级，塑造招商和创新发展新优势，全面推进跨区域创新链和产业链的一体化布局。

（六）民生服务常态提升

以高等级、共建型项目为引领，推动基本公共服务均等化和区域公共服务品质整体提升。重点围绕医疗、教育两方面，示范区积极增加公共服务资源供给，推动建立长三角（上海）智慧互联网医院[①]，加快复旦大学附属妇产科医院青浦分院和嘉善高端技师学院等公共服务类项目建设，提升示范区居民的满意度和获得感。

二、主要经验及推广情况

（一）主要经验

1. 发挥共建合力，组建共同实施主体

为凝聚各方建设合力，两省一市共同出资成立长新公司，会同三地发挥共建合力，践行长三角一体化发展"五共"发展理念和"五个一"（一张蓝图管全域、一个主体管开发、一套标准管品质、一个平台管实施、一体化制度管治理）开发理念，合力打造"水乡客厅"，在规划管理、土地管理、财税分享等重点领域形成一体化发展成果的集中展示区。

2. 聚焦关键环节，创新项目管理模式

紧盯项目实施过程中的关键节点与环节，探索与跨域相适应的项目

---

① 长三角（上海）智慧互联网医院运用"互联网+"理念整合上海市优质医疗资源，与两区一县各级医疗机构实现诊疗信息对接，有效缓解区域内医疗资源地理分布不均的现状，推动示范区范围内基本公共服务均等化和区域公共服务品质整体提高。

审批和项目管理新模式。项目审批部门积极创新项目管理模式，如东航路—康力大道省际断头路工程元荡桥涉水审批，按照流程优化、材料简化、标准细化、联合审批、共同监管的思路，一体化推进跨域项目实施，诞生了示范区第一张跨省域联合审批涉水许可；苏台高速公路、浦港南路—西塘至芦墟公路在前期阶段采用全段评估、分段报批、分段建设方式，加快了项目实施进度；盈淀路（崧泽大道）—锦淀公路实行"双方立项，一方代建、代管、代养"模式，避免了项目施工不协调、运营标准不一致的情况；"方厅水院"新建人行桥跨长湖申线太浦河航道的航评批复，采用江浙委托上海交通委审批的委托审批新路径，提升了审批效率。

3. 注重关键要素，推行一体协调新标准

聚焦项目推进中的关键要素，做好区域间要素的顺畅衔接，推行"跨域无感"一体协同新标准。在跨区域重大项目的规划、设计、施工和运维阶段，执委会协调各方，在共商共建、充分沟通前提下，本着求同存异的原则，注重保留区域特色的同时，做好个性化要素衔接，通过共商项目投资、设计要素、施工工艺和运营维护等，形成一套符合一体化要求的标准，为一体化建设的推进提供了保障。

（二）典型案例

1. 东航路—康力大道省际断头路贯通工程

元荡是连接青浦区和吴江区，跨越上海市与江苏省重要省界湖泊。由于隶属不同的区域，在前期设计过程中，两地建设单位未对道路互联互通的设计要素进行全面沟通，导致诸多设计要素存在显著差异。执委会会同青浦、吴江两地主管部门及设计单位召开设计方案工作对接会，议定提高东航路工程建设标准，协调统一工程设计方案，形成了统一的整体风格。此外，元荡为省市边界河道，涉及两地多个行政主体，各主体审批要求不一致。执委会牵头召集相关单位召开示范区跨域项目水务行政审批协调会，明确由上海水务局牵头，遵循就高不就低的原则统一技术标准，实行一窗受理，一口发放加盖两地水务行政主管部门公章的审批决定书。最后，上海市水务局、苏州市水务局联合给出长三角生态绿色一体化发展示范区跨域项目水务准予行政许可 SFQSX20200001 号决定书，同意建设单位实施东航路—康力大道省际断头路工程元荡桥项目建设，这是史上第一次直辖市与地级市行政主管部门的公章盖在同一份行政许可决定书上。同时在规划审批、施工许可等行政审批环节两地还探索了委托审批、委托代建等方式（吴江委托青浦）。

2. **沪苏嘉城际铁路建设**

推进苏浙沪两省一市基础设施互联互通的标志性工程，东起虹桥商务区，南至嘉兴市区，西至吴江区，包括上海市境内的上海示范区线，江苏省境内的水乡旅游线城际铁路，浙江省境内的嘉善至西塘线和嘉兴至枫南线，全长 170 千米，总投资 940 亿元，是串联示范区虹桥商务区动力核、青浦新城、环淀山湖创新核、西岑科创中心、水乡客厅、祥符荡创新绿谷、吴江高铁科创新城、嘉兴科技城等核心功能区的关键交通纽带。依据国家发展改革委《长江三角洲地区多层次轨道交通规划》，在长三角一体化发展战略指引下，上海、江苏、浙江三地依托长示范区执委会，建立跨地区、跨部门的三级协调推进工作机制，一体谋划推进沪苏嘉城际铁路建设，实现全线路系统制式、技术标准、建设时序、贯通运营"四个统一"。从线路规划批复到开工建设，仅用时约一年时间，充分展现两省一市贯彻国家战略的坚定决心和区域协作的制度优势。2028 年建成投用后，沿线群众将获得随到随乘、"一票"通达的全新出行体验，极大提升示范区轨道交通运输服务品质，实现交通出行的"同城化"。

（三）复制推广

示范区在省际毗邻地区重大项目建设联合推进机制方面，形成了包含四大特征的系统经验和示范样板。

一是理念先进。秉承"不破行政隶属关系、打破行政边界约束"原则，践行"共商、共建、共管、共享、共赢"新理念，坚持共建先行，优先实施跨域一体项目。

二是机制稳健。瞄准"功能互补、空间复合、创新融合"的高质量发展目标，建立了以协同为核心的工作机制，"协同绘制蓝图、协同商定标准、协同建立机制、协同推进计划"。

三是主体明确。创立了"一张蓝图管全域、一个主体管开发、一套标准管品质、一个平台管实施、一体化制度管治理"新理念，创建了"双方立项，一方代建、代管、代养"新模式，两省一市共同出资成立长新公司，将分散投资、重复建设纳入一体化系统轨道。

四是成效显著。"一厅三片"以及长三角智慧互联网医院、元荡岸线生态修复贯通工程、上海轨交 17 号线西延伸等重大项目建设快速推进，同城化、"跨域无感"效果初现。

示范区有关经验已在南京都市圈建设、京津冀协同发展过程中得到了检验与推广，彰显了示范区跨域一体的特色与示范价值。长三角范围内，在顶山—汊河跨界一体化发展示范区建设过程中，借鉴示范区"共商、共建、共管、共享、共赢"新理念，依据《南京都市圈发展规划》中协同建设一体化综合交通体系的要求，南京、滁州两地交通主管部门共同协商，对黑扎营大桥的建设标准、投资标准及其他基本要素进行统一，采用"双方立项、一方建设"的方式推进项目建设。全国范围内，京津冀协同发展过程中借鉴示范区的经验，以推动北京市副中心通州区和河北省北三县的高质量协同发展为目的，先行先试交通基础设施互联互通项目。京冀两地水务、交通等部门及属地政府通过对河道共同进行综合治理，建设船闸和码头，布设助航标识，实现了大运河北京段与廊坊段同步旅游通航，为京冀文化旅游业发展带来新活力。

第四节　着眼"双碳"目标的示范区产业政策

为从源头控制碳排放，探索示范区产业高质量发展新模式，推动产业绿色创新发展，示范区积极探索具有示范性、引领性的碳达峰碳中和（以下简称"双碳"）一体化制度、政策、技术和项目，出台《长三角生态绿色一体化发展示范区碳达峰碳中和工作指导意见》和《长三角生态绿色一体化发展示范区碳达峰实施方案》。在示范区理事会指导下，上海市经信委会同江苏省工信厅、浙江省经信厅和示范区执委会共同编制发布《长三角生态绿色一体化发展示范区产业发展指导目录（2020年版）》（以下简称《指导目录》）——提出"五型经济"为主导的产业发展导向和《长三角生态绿色一体化发展示范区先行启动区产业项目准入标准（试行）》（以下简称《准入标准》）——在先行启动区实现跨行政区域统一产业用地分类、统一产业用地项目准入标准。

一、建立跨省"双碳"一体化实施机制

示范区着力在"双碳"目标战略顶层设计、行动方案、专项规划领域进行制度创新，初步建立起跨省域"双碳"一体化创新机制和实施机制。一是探索构建"协同达峰、合作中和"的跨区域"双碳"一体化创新机制。制定示范区"双碳"工作指导意见，明确示范区"双碳"总体目标、碳排放碳汇一体化核算、评估考核体系，构建绿色低碳创新产业、绿色低碳现代能源、绿色宜居低碳建筑六大体系，实现"双碳"标准统一和制度集成。二是研究制定示范区碳达峰实施方案。提出到2025年能耗强度和碳排放强度"双降"目标，部署重点片区集中引领、重点领域分类示范、绿色低碳政策赋能、绿色低碳技术支撑等四大行动，加快打造一批绿色低碳示范园区和项目，形成示范引领效应。三是编制"水乡客厅"近零碳专项规划。率先探索零碳导向下的水乡客厅绿色发展路径。四是提出近零碳"单元—子单元—地块"三级管控体系。构建以源头减量、循环再用、生态提升为核心的近零碳绿色技术体系，以及各重点领域适宜试点的先进项目与技术方案。协同探索"跨域共治、低碳韧性、智慧共赢"的近零碳转型发展新模式。

二、推出《指导目录》明确产业发展导向

《指导目录》立足示范区产业基础和禀赋特色，结合未来发展趋势，提出以"五型经济"为主导的产业发展导向。其中，功能型总部经济，重点放大虹桥国际开放枢纽溢出效应，聚焦知识创新、功能创新、模式创新，引进和培育一批跨国企业、民营企业和央企国企总部，以及知名国际组织（机构）设立地区性总部；特色型服务经济，重点发展与区域生态资源相契合、创新资源相融合的服务经济，发展现代商贸物流、绿色金融、科技服务、创意设计、文化服务、研发设计、总集成总承包、节能环保等特色鲜明的高端服务业；融合型数字经济，重点发挥三地数字经济和智能制造基础优势，加快新一代信息技术融合应用，发展"AI+""5G+""北斗+""大数据+"等新产业、新业态和新模式；前沿型创新经济，重点发展生命健康、集成电路设计及相关产业、前沿新材料、绿色新能源、智能制造装备等新兴产业；生态型湖区经济，重点释放湖荡水网、田园风光、古镇文化等资源魅力，因地制宜发展体现时代风、江南韵和国际范的文旅休闲服务、现代滨湖体育服务、研究型大学和特色学院等特色教育、绿色智慧农业等滨湖产业。

随着《指导目录》的实施，三地紧扣"一体化"和"高质量"两大关键词，积极引进一批高技术、高成长、高附加值产业项目落地，策划共建一批产业和创新合作平台，产业发展能级明显提升，经济规模实现大幅增长，创新实力不断增强。①

三、制定《准入标准》划定底线和红线

《准入标准》适用于先行启动区新引进及盘活存量用地新引入的工业项目、研发总部项目，坚持生态底色、坚持高端引领、坚持集约高效、坚持统筹协调，重点从产业契合度、环境友好度、创新浓度、经济密度四个维度，为先行启动区产业准入划定底线和红线，从源头提升产业新增项目质量：在产业契合度上，新进产业项目应符合"五大经济"为主的产业导向，支持资源集约型、环境友好型先进制造业产业项目落地，对国家和沪苏浙等各级政府产业结构调整目录及相关政策明确的限制类、淘汰类工艺、装备、产品和项目，一律严格准入，禁止新建扩建。在环境友好度上，产业项目应符合"三线一单"（生态保护红线、环境质量底线、资源利用上线和生态环境准入清单）管控要求和区域主

---

① 一是经济实力明显增强。2021年，示范区实现地区生产总值4331.04亿元，同比增长12.4%，较2020年增速提升近10个百分点；2022年上半年，示范区克服新冠肺炎疫情影响，实现地区生产总值2030.69亿元。2021年完成规模以上工业总产值7962.2亿元，同比增长21.4%，较2020年大幅提升18.5个百分点；2022年上半年，完成规模以上工业总产值3829.11亿元。2021年实际利用外资20.35亿美元，同比增长14.4%，较2020年提升9.4个百分点。2021年新增企业登记数量31021家，已经成为了投资新热土。二是创新成为主要驱动力。2021年国家高新技术企业总数达到2411家，较2020年增长31.5%；全社会研发投入占GDP比重超过3.6%。2022年上半年，省级以上企业技术中心达241家，较2020年增长16.4%；各类众创空间85家，较2020年新增12家。三是营商环境深度优化。围绕"五型经济"，示范区加强招商引资，加快推进重点项目落地，2021年落地项目281个，其中亿元以上项目132个，占比高达47%，重点推进产业创新类项目超过28项；2022年上半年落地项目280个，其中亿元以上项目125个，其中许多是强链、补链项目。

导生态功能，工业项目应采用国际国内先进工艺装备，污染物排放执行最严格排放标准，能耗、水耗应达到行业国际国内领先水平。在创新强度上，提出科技人员占比（从事研发和相关技术创新活动的科技人员占职工总数的比例不低于 10%）、研发投入强度（年度研究开发费用占销售收入总额的比例不低于 3%）、知识产权拥有性等要素指标。在经济密度上，对新引进的工业用地产业项目、标准厂房项目、研发总部产业项目、研发总部通用项目等不同类型也分别提出了投资强度、产出强度、税收强度、容积率等量化指标要求。

《准入标准》的出台，有利于示范区在强化生态环境保护的前提下，进一步提升经济密度和创新强度，加快推进产业向数字化、网络化、智能化、绿色化发展。截至 2022 年上半年，先行启动区共落地五型经济类项目超过 152 项，占总项目数 47.5%。[①]先行启动区要素资源实现更高效配置，区域经济效益明显提升，落地项目均符合"三线一单"管控要求，"五型经济"类项目数占比将近 50%，产业契合度较高。2021 年9 月，上海嘉定区、昆山市、太仓市在新一轮的三地合作发展中，也明确将共同制定产业项目准入标准，实现跨区域"一个标准管准入"。

---

① 从分布区域上看，吴江 92 项，嘉善 45 项，青浦 15 项。从产业契合度上，前沿型创新经济多达 67 项，占五型经济项目数 45.6%，其次融合型数字经济 45 项，占五型经济项目数 30.6%。从创新强度上看，技术含量较高的项目占近一半。从环境友好度上来，都符合"三线一单"管控要求。从经济密度上看，有部分项目承诺的税收指标未能达标，为适当兼顾区域发展阶段性的不平衡，按照"正视差异、底部抬升、逐步对标、动态调整"的原则，确保到 2023 年达标。

第五章

示范区一体化跨区域部门协作机制

示范区建立以来，除示范区执委会牵头进行制度创新研究、创新集成、创新评估和创新推广以外，示范区三地跨区域横向联系、部门联动也进入空前的活跃期，几乎所有部门都开展了跨区域合作，甚至毗邻的镇村也探索出丰富多彩的联建方式。其中，最具代表性的有三类：第一类是党政牵引式合作机制，以青浦区、吴江区、嘉善县党委联席牵头的示范区党建引领一体化高质量发展机制为代表；第二类是关键行业的跨区域联合管理机制，以水务部门牵头的示范区联合河湖长制为代表；第三类是围绕特定主题建立的跨区域多部门合作机制，以检察机关牵头的示范区环境公益保护机制为代表。它们不仅是示范区制度创新的延展性力量，而且是示范区制度创新的支撑性力量。

第一节　示范区党建引领一体化高质量发展机制

示范区是实施长三角一体化发展的先手棋和突破口。青浦区委、吴江区委和嘉善县委结合担负国家战略使命，坚持政治引领、凝心聚力、为民务实、开拓创新，不断将党的政治优势、思想优势和组织优势转化为治理优势和发展优势。

一、示范区党建引领的实践探索

三地以国家对示范区的战略定位为根据，牢固树立"一盘棋"思想，在不破行政隶属、打破行政边界的前提下，全力推进示范区党建创新，引领一体化高质量发展。

（一）加强思想引领，绘好共担战略使命"同心圆"

着眼于把示范区建设成贯彻新发展理念新标杆、一体化体制机制试验田和引领长三角更高质量一体化发展新引擎，以思想共识凝聚行动合力。

一是用"共学"夯实同心的思想基础。青浦、吴江、嘉善建立定期中心组联组学习研讨机制，共同学思践悟新思想。坚持务虚与务实相结合，把党委中心组学习会打造成理论学习会、问题研究会、工作推进会和制度发布会"四会合一"模式。

2019年"不忘初心、牢记使命"主题教育中，围绕贯彻落实习近平总书记重要讲话和指示批示精神，联合召开研讨会，交流对《长江三角洲区域一体化发展纲要》和《长三角生态绿色一体化发展示范区总体方案》的理解，重点研究了基础设施互联互通和先行启动区的推进措施。

2020年深化"四史"学习教育，联合开展庆祝建党99周年活动，总结示范区建设阶段性成果，谋划推动示范区更好发展。立足三地实践，汇集各自优势，分别由青浦牵头制定《关于以提升组织力为重点推进长三角生态绿色一体化发展示范区党建高质量创新发展的意见》、吴江牵头制定《关于在长三角生态绿色一体化示范区进行党建系统集成创新的实施意见》、嘉善牵头制定《关于在长三角生态绿色一体化发展示范区先行启动区推进"城镇圈"党建工作的实施意见》，从示范区"两区一县"党委、三地组织部门和先行启动区五镇党委等层面，形成了推进一体化示范区党建高质量创新发展的"1+2"文件体系，着力以高质量党建引领一体化示范区高质量发展。

2021年深化党史学习教育，合力推进"我为群众办实事"实践活动，联合开展庆祝党建100周年活动，进一步凝聚合力。聚焦"一体化+"，共同发布100名基层党组织带头人、100个示范区党员先锋岗、100家基层党组织建设示范点、100个党性教育现场教学点、100个党群服务示范阵地等"五个一百"。

二是以"共建"丰厚同心的情感基础。建立三地党委中心组定期联组学习、先行启动区五镇党委定期会商、部门定期协同联动、基层党组织全面互动的生动局面，形成党建联建、业务联动的常态机制。不同层级、各类形式的共建不仅大大节约了学习资源，而且增进了彼此了解，增加了互助合作机会，以润物细无声的方式丰厚了同心的情感基础。

三是以"共育"扩大同心的干部基础。合作打造城市基层、非公、农村基层三个党建领域组织力学院，建立领导干部交流讲学机制，定期开展乡村振兴、社会治理、基层党建等各领域经验交流，推动多岗位多层面培养锻炼干部，充分利用各地优质培训资源，推动干部共训、共育、共享，扩大同心的干部基础。

四是以"共事"充实同心的任务基础。早在 2018 年，青浦区委率先牵头吴江、嘉善、昆山签订包括党建联建在内的《环淀山湖战略协同区一体化发展合作备忘录》，成立一体化专门推进机构，不断深化与周边区域在政策研究、方案制定、项目对接等方面的联动。示范区建立后，更是形成"共商大事、共解难事、共救急事、共推实事、共成善事"的一体化共事理念，在打通断头路、元荡等重大工程建设、跨域生态环境和社会治理、公共民生服务、保障服务进博会等一系列任务中体现出大气谦和与精诚合作。

（二）加强组织引领，打造共聚干群伟力"互动链"

在党建引领下，构建起包括妇联等群团组织在内的区域党组织联动协同、沟通合作平台，通过资源共享、信息共通、发展共推、治理共抓、队伍共育，引领示范区协同发展。

一是顶层推动。共同制定"1+2"文件体系，成立一体化专门推进机构，签订一体化发展合作备忘录，不断深化与周边区域在党建共建、政策研究、方案制定、项目对接等方面的联动。全面实施先行启动区毗邻村兼职委员制度，架设起相互学习、增进沟通的桥梁，强化毗邻地区的协同治理。

二是部门互动。围绕示范区建设和发展相关性政策落实和创新，以党建协同推动职能部门合作。如，建立机关党工委联席会议机制，通过党务联进、党课联讲、党日联动、资源共享、效能联评等方式，实现机关党建工作协调推进；三地市场监管（行政审批）部门共同签定战略合作协议，共同组建"青吴嘉市场监管部门联合保障进博会服务队"，探索打造重大活动联合保障工作样板；探索"党建＋旅游"发展新模式，三地旅游部门共同签署《长三角湖区旅游联盟合作备忘录》，开展江南水乡文化论坛、三地书画联展等系列活动，促进区域文化交融交流等。

三是基层联动。建立健全各项联系联络机制，开展常态化的走动，交流工作经验，街镇积极融入党建联建平台，依托社区党建服务中心、书记工作室等载体开展各类党建共建活动。先行启动区朱家角镇、金泽镇全面推动所属建制村与毗邻村开展结对共建，探索建立毗邻片区党建联盟，有力推动了沟通协调。

（三）加强发展引领，找准共推高质量发展"聚合点"

一是推动规划契合。加强发改部门之间的沟通交流，积极推进三地"2035 规划"对接，共同委托智库开展环淀山湖战略协同区规划研究，联手打造世界级水乡古镇文化休闲区和生态旅游度假区。

二是推动设施汇合。在对接断头路等建设项目中成立临时党支部，全面推进断头路打通。

三是推动产业耦合。举行"推动一体化、打造新高地"示范区产业项目启动大会，实行项目集中签约和揭牌。练塘镇发挥区域化党建平台作用，将嘉善县姚庄镇纳入练塘茭白节，姚庄镇也将练塘纳入姚庄黄桃节，推动两地农产品产销链条不断完善，共同打响特色农业品牌。

四是推动治理融合。三地加强政法系统协作。共同举行示范区法院司法协作工作会议，签署《服务保障长三角生态绿色一体化建设司法协作协议》，共同打造示范区一流法治环境。完善跨区域警务安保协作，强化组织联动，共同打造跨省沿沪"平安边界"。

五是推动功能聚合。推动社会事业多领域的合作交流，如，夏阳街道充分发挥辖区内驻区单位资源优势，通过科普周、"文化走亲"等形式，深化与嘉善县罗星街道在科普宣传、文化融合等方面的交流互动。

六是推动环保联合。签订《关于一体化生态环境综合治理工作合作框架协议》，明确在规划契合、合作机制、共建共保、环境标准、信息共享、联动执法、预警联动、共治共保等方面开展一体化生态环境综合治理工作。围绕"一河三湖"治理，三地签定党建引领协同治水协议，共同建设示范区协同治水党群服务站，开展跨区域环境污染事故应急演练，进一步提升环境污染事件的区域联动和响应能力。

二、示范区党建引领的工作成效

（一）推动了一体化体制机制创新

开展示范区党建，通过党的思想引领和组织网络，带动行政组织、经济组织、社会组织等各类主体，以具体问题为着力点，不断突破行政空间区隔，实现跨区域互联互通；通过党组织的一元化，搭建跨区域沟通协调的平台和渠道，创新区域政策协调机制，优化区域互助机制，实现有效沟通、分工协作、协同发展的一体化格局；通过各地区在参与中加强联动协同，避免了各自为战和工作碎片化，提升党建联建的质量。

（二）提升了跨域治理现代化水平

一是促进府际间交流学习。如，青浦坚持"两核六化"，以"安全、和谐、美丽"为核心理念，以提升党组织领导能力和水平为核心战略，聚焦社区建设精准化、共享化、精细化、规范化、精致化、现代化，全力打造新时代幸福社区。吴江深入推进"融入式党建"创新工程，充分发挥党组织"把方向、管大局、保落实"的作用，融入发展、融入民生、融入区域、融入群众，全面提高公共服务共建能力和共享水平。嘉善深化"网格连心、组团服务"工作，探索党建引领"123"微治理工作机制。三地相互学习，扬长避短，共同提高。

二是创新跨域治理机制。以国家战略为平台，坚持"政策措施共商、平台载体共建、风险隐患共防、突出问题共治、政法资源共享"的长三角政法工作格局，深入推进跨区域政法协作，推进高质量平安法治一体化，助力一体化市域治理现代化。

（三）夯实了示范区生态靓丽底色

一是共保生态环境。以党建联建为抓手，推动环境协同治理，共同签订《长三角生态绿色一体化发展示范区生态环境管理"三统一"制度建设行动方案》，建立联合河（湖）长巡河工作制度。开展林地、绿地、湿地"系统化、精细化、功能化"建设，实施"绿廊、绿园、绿道、绿水、绿林"行动计划。

二是共建美丽乡村。共享教育培训资源，合力锻造乡村"幸福带头人"队伍。先行启动区五镇互派毗邻村兼职委员，联合组建毗邻村党员志愿服务队，共同开展联合巡查、平安互守、生态共保等党员志愿服务，促进共商共治共享，共建美丽乡村。

（四）促进了重大项目跑出加速度

一是推动产业创新。聚焦青浦西岑科创中心、吴江高铁科创新城、嘉善祥符荡创新中心等重大项目，推动一体化成效加快显现。适应产业健康发展要求，积极构建快递业党建联盟、软件信息党建联盟、西虹桥党群服务体系等。

二是推动互联互通。在对接断头路、元荡生态岸线等跨域一体化建设项目中成立临时党支部，组织开展立功竞赛活动，全面推进重大项目高质量快速推进。

三是推动产业耦合。以党建协同强化资源统筹、力量整合、发展联动。强化三地规划、项目对接，助推产业发展实现新集聚、形成新优势。

（五）提升了民生保障和服务温度

一是教育医疗更优质。构建长三角教育学习发展共同体。成立长三角可持续发展大学联盟，开展常态化联席会议。完善医保异地结算机制，打造示范区"医保一卡通"，实现以社会保障卡为载体的"一卡通"服务管理"同城待遇"。

二是文化旅游更融合。联手打造世界级水乡古镇文化休闲区和生态旅游度假区。加快建设"江南庭院、水乡客厅"，凸显城水共生、活力共襄、区域共享的理念。建立环淀山湖体育联盟，致力于打造示范区的赛事 IP 和先行样板。

三是政务服务更便捷。推动实现"一网通办""跨区域通办"，实现政务服务标准有效对接。①

三、示范区党建一体化建设的近期目标

（一）建立一体化的组织体系，推动示范区党的领导全面加强

一是构建贯彻落实新思想的战略谋划机制。坚持党的领导，加强战略统筹，推动各级党组织互联互补互动，促进区域协调发展。探索建立示范区不忘初心、牢记使命长效机制，完善三地党委中心组定期联组学习、先行启动区五镇党委定期会商、基层党组织跨域联合开展主题活动等常态机制。

二是构建引领示范区发展的协同共建机制。搭建区域党组织联动协同、沟通合作平台，通过资源共享、信息共通、发展共推、治理共抓、队伍共育，引领规划对接、专题合作、市场统一、机制完善。建立"两区一县"、职能部门、街镇、村居等各级党组织之间常态化协同议事机制，深化毗邻村兼职委员、"双委员"等制度。

（二）形成一致性的示范标准，推动示范区党建高质量发展

一是培树示范引领的支部建设范本。建立示范区支部建设规范标准，把党组织建在产业链、功能区、城镇圈和重大项目等最活跃的经络上。统一开展基层党组织"分类定级、晋位升级"和党员"分类管理、积分考核"，共同选树党支部建设示范点，按照地域相邻、功能相近、便于组织的原则，联合开展各类组织生活。

---

① 接入区域通办事项，实现"一栏汇聚"；对接统一用户体系，实现"一号登录"；积极探索 AI 赋能，实现"一机自助"；汇聚专窗服务网点，实现"一图查询"。

二是建设高效集成的智慧党建平台。通过相互授权，深化党建数据汇集，促进示范区党组织和党员信息互联互通、共享共用。运用"互联网+"和App等网络技术，打造党建"一网通"云平台，实现党费交纳、组织关系接转、组织生活参加等事项"一网通办"，解决跨区域党员流动带来的困难。探索在示范区内推行党员电子身份证制度，加快推进线上线下基础信息集成整合。

三是打造辐射广泛的党群服务集群。按照阵地建在工作急需处、群众方便处的原则，建成一批示范区党群服务阵地。有效对接党员群众所需，聚焦教育、医疗、文化等优质服务资源，梳理一批示范区特色党群服务项目，不断扩大辐射半径，推动互通共享。整合示范区内红色资源，共同命名一批党性教育现场教学点，形成"党性教育资源清单"，开展"走红长三角"互学打卡等党性教育活动。

（三）落实一体化的共同行动，推动示范区发展协同并进

一是深入开展"建功示范区，党员先锋行"主题活动。共同开展"新时代、新机遇、新使命"大讨论和党员承诺践诺等活动，树培服务示范区建设的先进典型，开展示范区"两优一先""党员先锋岗""党员示范岗"等评选表彰和争创活动。

二是全力保障示范区重大改革和建设项目。以示范区党建高效协同为引领，强化资源统筹、项目对接、力量整合、发展联动。落实支持政策，加强组织保障，推动改革赋权、财政金融支持、公共服务共建共享、要素流动、管理和服务创新等重大改革举措在示范区率先突破、全

面见效。

三是干部人才共育共管共用模式。加强跟岗学习和挂职锻炼，推动优秀年轻干部到示范区建设一线接受思想淬炼、政治历练、实践锻炼、专业训练。完善三地互派干部共育共管共用机制，建立常态化双向交流机制，深化教育培训资源共享。聚焦跨区域人才发展重点领域，探索建立一体化人才政策体系，深化人才服务战略合作。

（四）健全一体化的运行机制，推动示范区党建常态常效

一是完善跨区域的党建工作架构。做实示范区党建工作协调小组，负责整体布局、统筹指挥、协调各方，形成有组织、可操作的专项议事制度，共同确定年度工作项目、协调解决问题。

二是健全联席会议等工作机制。形成社会治理、产业发展、生态建设、社会事业等专业委员会工作机制，落实常态化的运行管理。

三是建立示范区难题共解机制。针对示范区产业布局、功能定位、协同推进，产值和财税分享机制，生态环境保护责任划分、标准确定和任务落实，区域内公共服务一体化等热点难点问题，建立难题协商共解机制。

第二节　示范区跨区域联合河湖长制

示范区三地一衣带水、人文相近、地缘相亲。党的十八大以来，三地水务人践行习近平总书记"两山"理论，秉承"忠诚、干净、担当、科学、求实、创新"的水利精神，齐携手、共筹谋，持续推进水环境治

理和水生态保护。对标示范区的高要求，对表打赢"碧水保卫战"的任务表，三地在原来水务合作的基础上，建立并不断完善联合河湖长制。

一、总体情况

（一）工作背景

青浦、吴江、嘉善作为两省一市的跨界毗邻地区，共有跨界河湖47条段，受限于行政体制，三地在诸多领域有着相对独立的管理体系，跨界水体的功能定位和管控要求存在很大差异，导致上下游、左右岸在功能定位上不统一，治理标准、治理力度、治理步伐不一致，治理效果难显现，成效难巩固。"围湖养殖""水系坝断""水生植物泛滥"等此起彼伏，涉水违法行为跨省流窜行为此消彼长，与示范区打造生态友好型一体化发展样本的建设主旨和《总体方案》中"以水为脉，保护水生态、提升水品质、做好水文章"的要求不符。

（二）探索历程

三地按照习近平总书记"大胆试、大胆闯、自主改"的要求，聚焦难题、同向发力，不断探索实践。

2018年，为保障首届进博会水生态安全，以水葫芦联动治理为突破口，签定《青昆吴嘉水域保洁一体化协作框架协议》，将作业区域向上游延伸，迈出联保共治第一步。

2019年，随着示范区建设落地，联合举行"协同治水启动仪式"，共聘73名跨界河湖长，在巡河、管护、监测、治理、执法等方面初步探索联合机制。

2020 年，太湖淀山湖湖长协作机制建立，在上海轮值年期间，联合举行"协同治水再深化主题活动"，全面固化"联合河湖长制"，启动元荡、汾湖等一批跨界水环境治理项目实施。

2021 年，贯彻落实《进一步深化长三角生态绿色一体化发展示范区河湖长制加快建设幸福河湖的指导意见》，梳理 55 项工作任务清单，同向发力，打造更高质量新标杆。

2022 年，制定实施《长三角生态绿色一体化发展示范区幸福河湖评价办法（试行）》，明确"河安湖晏、水清岸绿、鱼翔浅底、文昌人和、公众满意"等五个方面 26 项评价指标，为示范区幸福河湖建设提供精准指导。

2023 年，联合签订《青昆吴嘉深化联合管护工作协议》，加强工作精细化、规范化水平。联合印发《长三角生态绿色一体化发展示范区联合河湖长制工作规范》，共 4 章 44 条，具有示范引领、系统集成、操作性强等特点，成为示范区跨界河湖联保共治新基石。

二、经验做法

联合河湖长制紧扣"一体化"，共绘、共商、共建、共推，助力做好"水文章"，释放"水活力"，为健全跨界河湖联保共治机制探索新路径。

一是联合巡河。三地联合河湖长同乘一条船，一同看现场、查问题、找对策。建立存量问题清单制、增量问题工单制的巡河问题处置流程，实现河湖互巡、问题共商、整改联动，2019 年以来联合巡河 150

余次，先后快速处置 20 余起填堵侵占、污水直排等问题。2021 年，结合示范区毗邻村区位特点，在青浦区金泽镇杨湾村、练塘镇联农村，吴江区黎里镇汾湖湾村，嘉善县姚庄镇横港村、嘉善县西塘镇钟葫村建成首批 5 个"联合河长工作站"。2022 年，联合举行"水美示范区·青年河湖长在行动"，挂牌成立示范区首个青年河湖长工作站。联合昆山河长办及朱家角镇、淀山湖镇共同对西围河占河堵坝的历史遗留问题进行综合整治。2023 年，在青浦区金泽镇南新村、练塘镇叶港村、朱家角镇周荡村、昆山市淀山湖镇永新村、吴江区黎里镇东联村、嘉善县姚庄镇金星村再建一批联合河长工作站。

二是联合管护。以联合保洁为基础，逐步深化一体化管养新模式。水葫芦联合防控方面，落实上游源头控制，加强定点巡查、打捞及处置，锁定重点时段、重点区域，联合开展"清剿水葫芦·美化水环境"专项行动，每年出动打捞船次均在 1 万次以上。特别是 2022 年，水葫芦防控形势严峻，三地积极组织跨前联动打捞，在红旗塘、太浦河、俞汇塘设置 7 个拦截库区，拦捞结合，打捞水葫芦 3 万余吨。在淀山湖、急水港采取关口前移、延伸打捞作业模式，5 条自动打捞船长期驻守上游一线，配合当地保洁力量共同作业，打捞水葫芦 4 万余吨。一体管养探索方面，2021 年，青浦与吴江签订《雪落漾一体共治备忘录》，探索确立"四同"原则，即同一个养护标准、同一个资金标准、同一个管养单位、同一把尺子监督考核，从根本上解决各自责任难以厘清、保洁养护标准不一等问题。2023 年，签定《跨界河湖一体化联保共治战略协议》，在吴天贞荡、道田江、华士江等更多跨界河湖推广一体模式。此外，青浦和嘉善签定《界河水域保洁范围界定工作协议》，以协议置换保洁的模式，把原本分散保洁的岸段相对集中规整，提升管养效率。

三是联合监测。示范区水文站由三级（流域局、市、区三级）三地（青浦、吴江、嘉善）两部门（水务、环保）共同建设管理，涵盖 18 项水质指标、5 项气象指标以及水位、潮位、降水等监测信息，通过共同布点联合监测，数据共享，边界河流的死角盲区被消除。先后研究制定《长三角生态绿色一体化发展示范区水文协作工作机制规则》《长三角生态绿色一体化发展示范区重要水体协同监测与评价工作方案》，针对三地 29 个主要河湖监测断面，每月联合编制《长三角生态绿色一体化发展示范区水资源水生态报告》。同时加强上下游水文单位协作，共同谋划示范区水生态监测及湖泊蓝藻识别预警课题研究，参加水文水生态应急监测演练，开展淀山湖蓝藻水华调查、骨干河道底泥监测，编制河湖健康状况"蓝皮书"，探索建立符合示范区生态特征的河湖健康评价体系，提升服务示范区"幸福河湖"能力。

四是联合治理。统一规划、标准和建设步伐，共同推进跨界河湖治理。先后签订 2 轮联合治理项目协议书，共 34 个联合治理项目，涉及 29 个跨界河湖。其中，2020 年，青浦、吴江携手实施示范区首个跨界河湖联合治理项目元荡生态岸线整治，133 天完成 1.2 千米生态岸线贯通、105 亩退渔还湿、11.3 万平方米水生态修复、12 万平方米花海主题景观绿化，建成后的元荡青浦段"醉美郊野湾"与吴江段"智慧门户湾"串联成画，成为网红打卡地。2021年，继续向东推进，在水安全防线、水生态系统、水活力空间、水环境健康等建设指标上均按执委会制订的一体化标准实施，2022年实现全线贯通。2023年，签定《元荡跨界幸福河湖暨国家水土保持示范工程联合创建协议》，进一步提升元荡水生态环境，创建示范区首个"幸福河湖"，让优良生态环境给人们带来更多幸福感，为周边区域发展赋能。

五是联合执法。在太湖局"一湖两河"联合巡查机制的基础上，青浦区与省际边界水政执法机构逐步形成"三纵四横"（四横是青浦、嘉善、吴江、昆山；三纵是区级、镇级、村级）的边界执法网络，定期联合巡查、案件互通互商，共同打击边界河湖涉水违法行为。制定《长三角生态绿色一体化发展示范区水行政执法联动协作工作方案（试行）》，研究示范区行政执法协同指导意见、实施办法和行政执法自由裁量权基准等制度规范，实现联动执法常态化、制度化。2021年，率先落实"河长＋警长＋检察长"三长联动，初步探索建立河长前端事件发现、警长事中处置、检察长事后追责的闭环联动模式。2022年，联合共建长三角联合生态修复基地暨"最江南"公益诉讼创新实践基地。2023年，签订三长联动深化合作战略框架协议，成立"三长联动工作站"，形成依法治水更大震慑力。

三、启示借鉴

长三角一体化发展国家战略助推示范区治水向区域一体化迈进，三地跨前协作、团结治水，成效令人振奋。

一是探索建立了以"联合河湖长制"为核心的一系列工作制度。相关经验入选"2019年中组部攻坚克难案例""2020年中国改革年度典型案例"和"2021年贯彻新发展理念实践案例精选"，作为先手棋和突破口，为一体化发展大局贡献了水务智慧和水务方案。

二是高质量完成示范区首个跨界河湖联治。元荡横跨苏沪，2020年携手吴江启动生态岸线整治，探索形成"共绘一张蓝图、共商一套标准、共建一批机制、共推一个计划"的经验，着眼最好效果，体现最快速度，三年实现上海段全线贯通，建成了元荡慢行桥、智慧门户湾、诗画江南湾等一批网红打卡点。

三是治水联合不断向治水融合深化。示范区首个"一张网（联合河长网）、一张图（跨界水系图）、一平台（应用云平台）"一体化信息平台建设初具成效，重点跨界水体河湖管理等级、管理目标、养护标准、信息管理"四统一"目标逐步实现，毗邻村居河长工作站逐步扩大，大量涉水问题能够在基层一线得到及时解决。

示范区联合河湖长制的成功实践，体现了河湖长制在水环境治理中的枢纽作用，确保了共治共管直观高效，契合了示范区一体共治理念的实践需要，为跨界水体治理提供了有益探索和经验借鉴。

党的二十大报告把人与自然和谐共生作为中国式现代化的重要特征，提出加快发展方式绿色转型、推进环境污染防治、提升生态系统多样性稳定性持续性等一系列新目标、新论断、新举措，为完善河湖长制提供了强大的思想指引、深厚的文化滋养、前瞻的创新智慧和系统的工作思路。三地水务部门将不断总结区域治水一体化经验，坚持以水为脉，推进"一湖一荡一链"生态治理，进一步开放高品质滨水空间，进一步打造大小景观节点，为建设"万顷碧波、百里画廊"的世界著名文化湖区作出新贡献。

第三节　示范区跨区域环境公益保护机制

党的十八届四中全会之后，国家正式建立检察机关提起公益诉讼制度。党的十九届四中全会提出"完善生态环境公益诉讼制度"。党的二十大报告指出："加强检察机关法律监督，完善公益诉讼制度。"示范区三地检察机关主动加强部门联动、跨区联合、社会联手，深化协作机制，打破行政壁垒，一方面为生态治理注入了更多的法律理念和法律方式，另一方面又为生态治理积聚了强大的社会力量和专业队伍，走出了一条跨区域共建共治共享、生态文明与法治文明相得益彰的公益保护新路。

一、加强部门联动，筑牢生态治理底盘

三地检察机关加强与区县内各职能部门的联动，建立了检察公益诉讼与市场监督执法工作协作配合机制、"河长＋警长＋检察长"三长联动工作机制等。

（一）公益诉讼与市场监督执法协作配合

青浦区检察院和区市场监督管理局依据各自职责范围，积极加强食品药品安全、网络安全、消费者权益保护、未成年人权益保护等重点领

域工作协作。双方实时共享检察公益诉讼、市场监督执法的政策法规、工作动态、执法标准等信息，增强工作合力。区市场监督管理局在行政执法工作中，发现上述重点领域存在公共利益受到侵害可能需要启动检察公益诉讼的线索，及时移送区检察院。区检察院在公益诉讼工作中，发现需要由市场监督管理局依法行政处理的线索，及时移送区市场监督管理局办理。① 双方还探索完善示范区内检察公益诉讼与市场监督执法的协作配合机制，相互支持开展跨区域线索移送、调查协作、联动办案等工作，推动示范区系统化社会治理。

（二）"河长＋警长＋检察长"联动工作机制

青浦区河长办、上海市公安青浦分局和青浦区检察院强化联动合作，共同探索建立"河长＋警长＋检察长"联动工作机制，凝结行政执法、刑事司法和检察监督部门合力，以保护水资源、防治水污染、改善水环境、修复水生态为主要任务，以打击涉水违法犯罪为核心，以"发现—流转—查处"形成处置闭环为关键环节，以发动群防群治力量共同参与水域治安基层治理为主要手段，形成三长联手、部门联动、打防结合、处置高效、共护河湖的铁腕护水新格局。②

---

① 双方依法加强案件办理中的协作配合；建立定期会商会议制度，每半年召开一次部门联席会议；各指派一名联络员，负责日常信息互通、线索移送和工作协调；通过联合发布典型案例、以案释法等形式，加大工作宣传力度；联合举办业务培训、研讨交流等活动，共同提高行政执法和检察业务水平。

② 具体包括如下工作机制：联席会议；联动排查；联合巡河；联手打击；联组学习；联袂宣传等。

二、加强跨区域联合，形成示范区协作机制

建立示范区范围内的"河长＋检察长"模式，以检察公益诉讼等法律监督为手段，合力破解跨界河湖治理难题。同时，三地检察机关还建立了一体化发展太浦河流域生态资源公益诉讼协作机制、加强示范区跨区划检察公益诉讼协作实施细则等，有效提升了示范区生态治理法治化水平和检察协作办案能量。

（一）"河长＋检察长"模式

坚持一体共治、协作配合、监督制约、依法规范等工作原则，形成以下具体机制：

工作联络员机制。三地检察机关和河长办各确定一名工作人员担任"河长＋检察长"工作联络员（设立检察工作室），互相通报工作开展情况，研究解决检察公益诉讼和河长制工作中发现的河湖生态环境保护突出问题，开展业务共建。

信息共享通报机制。检察机关定期向当地河长办通报跨区域涉河湖群众举报、卫星遥感检测分析数据以及公益诉讼案件办理情况。河长办定期向当地检察机关通报涉河湖上级督查、水体污染、水环境破坏、水域岸线侵占以及行政执法检查、违法案件办理和处罚等信息，开放行政执法信息平台，提供相关监测数据。河长办在工作中发现国家利益或者社会公共利益受到侵害或者存在侵害可能的涉河湖问题线索，应及时移送检察机关审查，检察机关在审查后应及时回复案件办理情况。

调查取证协调配合机制。检察机关在办理涉河湖公益诉讼等案件

时，各地河长办及其成员单位应积极配合检察机关调阅行政执法卷宗、接受询问、协助委托鉴定、评估、勘验等调查取证工作。检察机关以诉前检察建议为基本工作手段，强化诉前磋商，力争把问题解决在最前端。检察机关应当将检察建议书、公益诉讼起诉书等法律文书抄送当地河长办。

督促跟办机制。河长办应主动配合参与检察机关诉前磋商等工作，督促相关行政主管部门按照检察建议认真自查、积极整改，并在规定的时限内书面回复整改落实情况。结合整改质量和效果，可联合开展"回头看"。对于整改不到位的，河长办应协同检察机关持续跟踪问效，确保整改到位。检察建议落实整改情况及法院判决执行情况纳入各级河长制工作考核。

协助执行工作机制。河长办应督促相关成员单位执行行政公益诉讼生效裁判。对于检察机关依法提起的民事公益诉讼案件，河长办应督促协调相关成员单位积极配合，帮助做好证人、鉴定人出庭等工作，为检察机关提起的民事公益诉讼生效裁判、调解书的执行提供协助。

生态环境损害赔偿和修复补偿机制。加强河湖生态环境损害赔偿制度与检察公益诉讼制度的衔接。探索通过生态环境损害赔偿磋商、检察公益诉讼等方式，推动有关责任单位主动履职，督促违法行为人对受损的河湖生态环境依法进行损害赔偿和修复。

"动态监管＋专项整治"综合防治工作机制。三地检察机关、河长办可以针对河湖管理保护工作的突出问题，开展日常联合巡湖、监管巡查等动态监管工作。聚焦问题导向，选取重点领域开展联合打击等专项行动，形成行政司法合力，共同推进问题整改。对影响重大、案情复杂敏感或社会反映强烈的河湖环境治理问题，可以挂牌共同督办。

协同普法机制。按照"谁执法谁普法"的要求，整合线上、线下宣传资源，宣传国家环境保护政策、公益保护工作理念、服务大局保障民生职责使命，共同推进示范区水生态环境保护。

（二）协作机制与实施细则

1. 青吴嘉太浦河流域生态资源公益诉讼协作机制

具体包括：案件联合办理。针对发生在接壤地区、河流上下流域破坏生态资源的跨区域事件，实行案件联合办理机制，提高办案效率。需要开展跨区域联合调查的，所在地检察院应当提供帮助。

案件线索移送。三地检察机关在工作中发现涉及其他院的生态资源案件线索的，应当在 7 个工作日内主动将案件线索及有关材料及时移送相关院。

重大案件会商。对涉及防范化解重大风险、精准脱贫、污染防治"三大攻坚战"、涉及三地之间重大敏感或者疑难复杂的生态资源保护公益诉讼案件，由三地检察机关协商办理。

信息资源共享。对正在办理的生态资源领域跨区域公益诉讼案件的进展情况予以实时通报。实现生态资源领域公益诉讼案件及检察专家库等信息资源共享。

重大案件协作。针对未涉及跨区域的生态资源案件，在调查取证、检验鉴定、检察专家库资源共享等方面加强异地办案协作。

联合巡察。依托青浦朱家角检察站、嘉善太浦河检察站、吴江汾湖高新区检察站，重点对太浦河流域水源地周边地区污染物排放、垃圾倾倒、工业固废、农药使用、渔业养殖、水上运输、堤岸防护以及社会治安等情况开展联合巡察监督，发现情况及时取证、通力合作、有效处置。

舆情联防联控。对生态资源领域内发现的新情况、新问题和复杂案件，要及时互相通报。任何一方发现涉及生态资源公益诉讼的重大舆情，应当快速反应，互相通报，共同研究制定处置办法。

专项活动协同行动。通过联合开展生态资源保护检察专项行动，集中力量办理一批社会关注度高的重大案件，不断探索和实践生态资源的司法专业化保护机制，推动区域协同治理与发展。

建立跨区域生态环境保护检察司法协作联络员制度。提升生态资源司法保护协作工作的规范化和法治化水平。

生态检察技术协作。加强生态环境执法办案技术支援和保障支持，在有关电子检务、大数据分析、技术设备、证据固定以及生态环保相关技术等方面打造"一盘棋"，实现"一体化"。

学习研讨协作。定期交流学习，深入分析跨区域生态资源司法保护工作中遇到的新情况、新问题，分享办案经验，合作课题研究，促进区域间司法的一致性和协调性。

教育培训合作。依托各自人才优势和教育资源，互派相关领域的业务专家或业务骨干交流，每年定期开展一期联合培训，共同提高检察人员的业务水平和办案能力。

协同普法。以共同开展、资源共享等方式，深入村、社区、学校、企业开展普法宣讲、法律咨询、案例展板、基地教育等活动，共同营造守护太浦河流域生态环境良好氛围。

2. 示范区跨区域检察公益诉讼协作的实施细则

内容包括：线索移送。示范区检察机关在履职中发现跨区划公益诉讼案件线索的，应当在 7 个工作日内将案件线索及相关材料移送至有属地管辖权的检察院，有属地管辖权的检察院自收到案件线索后，应在 30 日内将处理决定或意见书面回复移送线索的检察院。

异地协助。跨区划管辖的检察院到案件发生地、损害发生地、被告所在地等异地调查取证、询问相关当事人及证人、送达法律文书等需要属地检察院协助的，属地检察院应当予以协助。

技术支持。示范区检察机关共享办案资源，在快速检测、卫星遥感、专家咨询、检验鉴定等方面提供技术支持，实现优势互补。共同推进司法鉴定技术支撑，服务保障公益诉讼案件办理。

案件协办。对于社会关注度高或者上级检察机关交办、督办等重大、疑难跨区域公益诉讼案件，三地检察机关应加强协商沟通，对普遍存在的侵害公共利益问题开展监督，综合运用检察建议、圆桌会议、诉前磋商、公开听证、专题调研等方式，推动跨区域联合治理。

联席会议。定期召开联席会议，总结示范区公益保护工作情况，分析跨区划公益协助工作中遇到的新情况、新问题，分享案件线索、交流办案经验、开展课题研究、制定专项行动，不断深化跨区域公益诉讼协作。

联络专员。建立跨区域公益诉讼检察联络员制度，设置专人担任联络员，负责相关业务的日常联系、工作协调、文件传输等工作。

统一司法、执法标准。在办理跨区划公益诉讼案件过程中，加强分析调研，联合行政主管部门逐步推动办案标准、执法标准统一。

协同修复受损公益。完善跨区域公益诉讼案件生态修复费用、食品惩罚性赔偿资金管理制度，规范资金使用和管理。

联合公开听证。对符合相关规定条件的跨区划公益诉讼案件联合开展公开听证，广泛听取各地区、各领域听证员意见。

开展专项行动。定期联合开展跨区域公益保护专项行动，重点对跨区域水环境污染、偷倒固体废物、非法掠取野生动物资源、销售不符合安全标准食品、运输危化品等领域侵害公共利益行为开展监督，对发现的问题协同督促整改。

加强宣传引导。通过长三角普法检察驿站、新闻媒体、新闻发布会等方式，定期公布示范区检察公益诉讼协作典型案例、专项行动等工作情况，广泛宣传跨区划公益诉讼检察协作举措和成效。

示范区"河长＋检察长"联动机制和跨区域检察公益诉讼协作机制的实施，推动形成了区域协作、部门联动、打防结合、共护河湖的铁腕护水"新格局"。截至 2022 年底，三地河长办向检察机关移送涉水体污染线索 32 件，提供相关监测数据 21 条，检察机关就水生态领域易反复、群众反响强烈的问题开展公益诉讼 18 件。三地不断加强跨区域、跨流域司法政策统一路径探索；通过推行劳役代偿、增殖放流等替代修复新模式，引导责任主体主动修复受损的水生态资源，形成"专业化法律监督＋恢复性司法实践＋社会化综合治理"生态检察模板。

（三）典型案例和应用场景

1. 聚一体合力 护一江碧水

沪苏交界的淀山湖是上海母亲河黄浦江的源头，其水质直接关系沿岸千家万户的饮水安全。2021 年 7 月，根据环淀山湖流域行政公益诉讼跨省际区划管辖协作机制，吴江区检察院向青浦区检察院移送线索，淀山湖西南侧水域悬浮物较多，可能存在污染。接收后，青浦区检察院通过勘查和技术检测，发现淀山湖西侧急水港东处水域（属于国家二级饮用水源保护区）水体样品总磷、总氮均超出国家地表水 Ⅲ 类水标准限值，随即对沿岸开展"地毯式"排查，进一步发现存在堆场露天作业、废水非法排放、违规饲养家禽等污染情形，随后进行立案审查。经勘查和走访，锁定附近租户生产生活废水排放，私设畜禽养殖场，粪便污水直排入河等违法事实[1]。一步步巡线深挖后，又发现涉案地块存在占用基本农田之实。于是，青浦区检察院分别向主管部门、属地政府制发诉前检察建议，督促查处整治涉案水污染及扬尘污染问题，并查处违规堆场企业，整治农业面源养殖污染。经跟进监督，职能单位以跨界水体联

---

[1] 根据《水污染防治法》第六十六条规定，饮用水水源二级保护区内禁止新建、改建、扩建排放污染物的建设项目。

保共治为重点，先后清退沿线无证码头堆场，拆除违章建筑，清理固废3万余吨，腾退土地1万余平方米，综合改善水源环境。本案入围最高检公益诉讼涉水典型案例候选案例。

2."跨"长三角协作，"护"水乡生物安全

2020年，通过长三角一体化公益损害线索共享平台，嘉善县检察院向青浦区检察院移送了一条案件线索：青浦区多处水域出现大量的外来物种福寿螺，并呈现蔓延之势。青浦区检察院立即开展调查，果然发现朱家角镇、金泽镇内大量水体中出现福寿螺，螺卵遍布河道堤岸，污染水体，危害本区水稻、特色农作物茭白，对本区水生贝类、植物构成威胁。三地检察机关开展联合巡航，共同排查域内福寿螺入侵情况，集体研判法律适用，共护长三角生态安全，助力生物多样性保护。青浦区检察院在依法向主管部门制发诉前《检察建议书》、督促其履行农作物病虫害管理职责的同时，向重点区域属地政府金泽镇人民政府和朱家角镇人民政府制发《磋商告知函》，并由检察长向属地河长磋商，督促镇、村两级河长积极履职，采取措施及时进行清理。通过诉前程序，有效推动职能部门和相关负责人履职，短期内在全区范围内开展了排查整治福寿螺专项行动，排查面积3000余亩，清除福寿螺30000余只，清除卵块2000余处，取得了较好的治理效果。该案系新的《中华人民共和国生物安全法》颁布后上海市首批督促整治外来入侵物种公益诉讼案件。

三、加强社会联手，广泛积聚生态力量

示范区检察机关着眼公益诉讼与水生态保护同频共振、同向发力，

主动协调多部门共同履职，积极吸纳社会力量参与，不断扩大生态保护的"朋友圈"。

（一）用"参与＋监督"丰厚民意基础

生态环境治理为了人民利益，也依靠人民参与。示范区检察机关通过建立和完善参与机制，充分发挥人民群众参与和监督作用。青浦区检察院在承办水污染环境生态损害赔偿民事公益诉讼案例中，让人民监督员"全流程"参与公益办案。①

1. 在调查核实环节，参与公开听证

2021 年 11 月 24 日，召开生态损害赔偿磋商听证会，邀请两名具有环境领域相关知识的人民监督员参与听证。人民监督员分别针对污染物的溯源、赔偿金额的认定、损害修复的方法等进行提问了解情况，并发表针对性意见建议②，涉案企业主动认领责任，签订生态环境损害赔偿协议。

2. 在协议履行环节，跟进实地监督

青浦区检察院根据专家评估意见和人民监督员建议，优化修复方

---

① 2021 年 10 月，上海某医药设备工程有限公司厂区东北侧雨水窨井内有水自南向北流动。采样监测结果表明，总镍为 0.142 mg/L，超过《污水综合排放标准》（DB31/199-2018）规定的总镍 0.1 mg/L 排放限值，超标 0.42 倍，相关超标废水通过雨水口排放，造成水环境污染。为明晰生态损害赔偿责任、优化磋商协议内容、探索替代修复新型履责方式，青浦区院邀请人员监督"全流程"监督公益诉讼办案。

② 大家认为涉案公司非法排放废水，虽已停止违法行为，但因水体流动污染物扩散，有必要进行生态环境修复；鉴于造成的环境损害难以恢复原状，故以"补植复绿"方式进行损害地表水体的替代性修复。

案，联合生态环境部门、绿化市容部门、属地街镇对涉案公司进行"回头看"，并邀请人民监督员实地走访现场，确保生态修复措施落到实处。

3. 在系统治理环节，提议治理方案

根据人民监督员的建议，青浦区检察院在上述修复地点挂牌"公益生态修复林"，并结合个案开展法治宣传教育，达到"办理一案，警示一片"的效果。

（二）用"科技＋智力"培聚司法能量

1. 建立专门的实验室

建立示范区公益诉讼快速检测实验室，配备全套专业的水体、土壤和部分食药品专项检测工具，加强对水质、土壤、空气污染指数的检验检测，河道污染案件水质检测率达 98%。

2. 利用高新科技设备

运用卫星遥感、无人机 3D 建模等技术手段，打破地理、环境因素制约，推动解决固废、异味、扬尘、黑臭水体等取证难题。①

3. 积聚各种专业力量

福寿螺案件经《公益进行时》报道后，上海市老科学技术工作者协会一位负责人主动联系青浦区检察院，他们与海洋大学正计划开展水蛭

---

① 青浦区检察院在处理一起污染案中，为追溯污染源头，查清事件始末，委托中国科学院空天信息创新研究院进行卫星遥感监测，查明涉案堆场始建于 2003 年 11 月，当时占地面积 602 平方米，至 2021 年 4 月占地面积已达 10520 平方米，十七年间翻了 17.5 倍。根据监测显示，堆场内黄沙、砂石等材料始终未设防尘设施，上空扬尘、地面积尘严重。经无人机航拍测绘和 3D 复刻，对堆放物的面积、体积进行定量分析和固证。

灭螺试验研究，希望在示范区建立实验基地。青浦区检察院积极协调农委、属地政府、河长办，找到承办合作社，申报成立科研项目，落实试验基地，助推溯源治理。

（三）用"办案＋说案"共筑法治信仰

除注重媒体宣传外，还建立了示范区公益诉讼创新实践基地。2022年，青浦区检察院针对一起伐树生态损害案件，对标"双碳"理念，首次引入"碳汇"修复模式，办理全国首例碳汇认购补偿生态损失公益诉讼案件。为进一步落实恢复性司法理念，同年9月，在青浦区委领导和社会各界的支持下，青浦区检察院在上海市率先探索设立公益诉讼损害赔偿专项基金，联合区法院、生态局、市场局、民政局、慈善基金会等六部门共同会签基金管理办法，联合生态、水务、绿容、农委以及金泽镇政府七家单位，在示范区核心区域元荡生态岸线建立全市首个集"河、荡、林、田、草"水绿空间于一体的"综合＋"公益诉讼实践创新基地，最大限度放大公益办案修复、警示、教育的综合效果。① 在此基础上，青浦、吴江、嘉善三地检察机关商定，将位于示范区先行启动区内的青浦"最江南"公益诉讼创新实践基地（青浦区金泽镇）、吴江生态环境保护基地（平望四河汇集区域）、嘉善长三角一体化公益诉讼创新实践基地（嘉善县水务集团丁栅水厂，范围包括太浦河、长白荡饮

---

① 设碳汇林片、增殖放流、水中森林、绿化养护、河道清洁五个功能片区，责任主体可依法在片区内实现补植复绿、增殖放流、水体清洁等修复责任，打造"低零碳"生态修复样本。

用水水源保护区和所在区域）作为示范区检察机关公益诉讼生态环境损害赔偿联合基地，并制定《工作意见》，加强规范化管理，起到了很好的效果。①

---

① 一是保证了环境修复效果；二是加快了科技赋能深度；三是扩大了生态宣传效果；四是促进了经验交流提升。

第六章

青吴嘉生态环境治理任务落实机制

作为服务落实国家战略的前沿阵地，青浦、吴江、嘉善三地深入贯彻习近平生态文明思想，以改善区域环境质量为共同任务，坚持生态优先、绿色发展，扎实推进生态环境保护和生态环境问题整治，推动区域环境治理和发展方式的良性互动，产生了许多制度性经验和精彩案例。

第一节 "绿色青浦、上善之城"的青浦实践

地处太湖下游、黄浦江上游的"沪上水乡"青浦，在撤县建区不久后就提出建设"绿色青浦"的目标，以保护生态安全的政治责任保持着生态定力。近年来，以生态环境综合整治为重要抓手，不断厚植"上海之门"生态优势，全力打造生态宜居、绿色低碳的现代化枢纽门户。

一、治理举措

（一）提升治水理念，做好治水兴利大文章

青浦因水而兴、因水而灵，所谓"百河绕村镇，千桥卧碧波"。全区共有河道 1936 条、湖泊 23 个，是上海湖泊资源最丰富的地区，也是上海重要的水源地之一。青浦坚持以大手笔思路和绣花针功夫做好水文章。

一是全面落实水污染防治。区政府与各街镇签订《水污染防治目标

责任书》，制定年度任务安排并推动落实。

二是强化入河排污口排查整治。开展入河排污口排查溯源，逐一明确入河排污口责任主体，按照"取缔一批、合并一批、规范一批"的原则，进行入河排污口分类整治。加强企业源头监管，落实"环保管家"制度，做到环保水务执法力量下沉，保持高压打击态势。

三是实施水质综合保障项目。持续完善"一河一档"，全区地表水水体全部纳入河长制湖长制管理，建立以"自动监测为主，手工监测为辅"的地表水环境监测评价和考核体系，加大水质自测频率，开展雨污混接拔点攻坚，提高河道水质优良率。

四是持续健全发现机制。以各级河长巡河、养护单位巡查、网格联勤联动为主要力量，引导广大市民积极参与，健全涉水问题发现机制，全面夯实水管理基础。

五是实施生态清洁小流域建设。在小流域综合治理基础上，将水资源保护、面源污染防治、水土流失治理、农村垃圾及污水处理等综合起来统筹治理，形成河湖通畅、生态健康、清洁美丽、人水和谐的高品质生态清洁小流域，持续推进淀山湖富营养化治理。

六是全域推进美丽河湖建设。在全市率先提出"美丽河湖"概念，将整个青浦所有河道、水系建设和周边环境整治全部纳入美丽河湖建设。将青浦城区外围的淀浦河、油墩港、上达河和西大盈港四条骨干河道贯通起来，通过综合整治、整体提升，叠加景观、还岸于民，打造出靓丽的"青浦环城水系公园"。它既是青浦标志性的生态环境治理工程，也是践行人民城市理念的民生实事工程。

（二）严防土壤污染，深入打好净土保卫战

全面落实《中华人民共和国土壤污染防治法》《上海市环境保护局关于加强污染地块环境保护监督管理的通知》等文件要求，坚持"预防为主、保护优先、分类管理、风险管控"的原则，强化土壤污染重点监管单元管理，有序推进土壤污染风险管控和修复。

一是建立土壤和地下水污染隐患排查制度。凡是纳入土壤污染重点监管单位名录的，一年内开展一次全面、系统的隐患排查并编制土壤和地下水污染隐患排查与整改报告，每两年对生产经营中涉及有毒有害物质的场所、设施设备开展一次隐患排查，对于新、改、扩建项目投产一年内开展区域补充排查，对隐患排查、治理情况如实记录并建档。

二是加强土壤污染源头预防。开展土壤和地下水自行监测，由土壤污染重点监管单位自行或委托第三方开展土壤和地下水监测工作，识别本单位存在土壤和地下水污染隐患的区域或设施，确定其对应的特征污染物，按照《上海市土壤污染重点监管单位土壤和地下水自行监测技术要求》制定、实施自行监测方案，编制年度监测报告，并依法向社会公开监测信息。

三是强化地下水污染协同治理。开展全区一般工业固废专项整治，严格规范落实危险废物管理计划备案和一般固废跨省利用备案制度。更新土壤污染重点监管企业名录，强化企业土壤及地下水污染风险管控与修复主体责任，逐步推进城市固体废物精细化管理，成功入围国家"无废城市"建设试点。①

四是实施工业用地全生命周期管理。② 建立土壤污染风险管控及治理修复地块多部门联动后期环境监管制度，有效强化建设用地土壤风险管控，实现重点建设用地安全利用率100%。

（三）加强环境整治，打造和谐美丽乡村

深入实施乡村振兴战略，把生态环境整治与促进乡村振兴有机融合起来。

一是以无违村居创建扩大生态优势。出台《青浦区百村无违攻坚战专项行动实施方案》，持续推进"五违四必"整治，全面消除"五违"（违法建筑、违法用地、违法排污、违法经营、违法居住）问题，2015—2022年，全区累计拆除各类违法建筑2303.96万平方米。

二是创新农村生态环境治理路径。开展"三大整治"专项行动和村庄清洁行动，提升乡村整体生态环境质量。③

---

① 基于重点行业企业用地调查成果，开展高风险企业地块及工业园区（以化工为主）、垃圾填埋场、危险废物填埋场等重点污染源周边的土壤及地下水环境调查，评估地块污染状况及健康风险。

② 土壤污染重点监管单位和从事化工石化、纺织印染、危险化学品生产储存及使用等"12+3重点行业"，在其终止生产经营活动前，要求参照污染地块土壤环境管理有关规定开展土壤污染状况调查，编制调查报告报区生态环境局并将调查报告向社会公开，对于调查发现污染物含量超过国家或者地方有关建设用地土壤污染风险管控标准的，必须参照污染地块土壤环境管理有关规定开展详细调查、风险评估、风险管控、治理与修复等活动。

③ 如：夏阳街道实施整治目标、工作步骤、政策标准、违法认定、推进执法"五个统一"整治布局，建立红黑名单、责任清单、问题清单、痕迹清单、激励清单，有效形成了以调查摸底为前提、以制定措施为核心、以健全机制为（转下页）

三是做活美丽乡村生态旅游文章。通过改善农村环境和景观质量，实现美丽乡村建设质量和数量齐突破。①

（四）坚持精准治污，构建低碳"青浦模式"

坚持精准治污、科学治污、依法治污，深入推动减污降碳协同增效。

一是统筹推进"无废城市"建设。制定《青浦区"无废城市"建设实施方案》，开列指标、任务、项目、责任"四张清单"，准确掌握全区工业企业一般工业固废种类、数量、流向、贮存、利用和处置总体情况，按照"全覆盖、分级分类、落实去向"的工作思路，优化一般工业固体废物分类管理体系，以提升固体废物管理水平促进经济社会发展绿色低碳转型。

二是积极探索"一证式"管理新模式。构建以排污许可制为核心的固定污染源监管制度，充分运用上海市排污许可证综合监管数据大平台，将企业实际生产情况量化、精准化，做到对数据实时更新和污染源定向追踪。聚焦固定污染源环境监管短板，以固定污染源信息库为平

（接上页）支撑、以严格执法为依托的环境综合整治夏阳模式。朱家角镇庆丰村在落实常态长效管理同时，进一步拓展整治领域和区域从自然村落边缘向外辐射 500 米，将辐射区内的田间地头、农田沟渠、林地绿地、农村道路、工矿企业等按照"捆绑式"要求推进整治。金泽镇蔡浜村通过规划"一心两翼三片"的布局，将优化村中景观河道、环村马路、湿地公园、环湖大堤等作为亮点，成为人居环境优美、生态系统和谐的美丽乡村。

①　截至 2022 年底，全区通过"美丽家园"三年行动改造 208 万平方米，30795 户居民、13 个"美丽街区"升级增颜，成功创建 5 个中国休闲美丽乡村、8 个市级乡村振兴示范村、33 个市级美丽乡村，经济、生态和美学三大价值得到充分释放。

台，以街镇、工业园区"网格化"巡查为基础，以监管、监测、执法"三监联动"为切入点，形成"市、区、街镇"三级监管合力，有效提升监管能力和监管成效。

三是深化生态环境领域"放管服"改革。2022 年，青浦区被列入上海市排污许可制与环境影响评价制度有机衔接改革试点区，大力推进环评和排污许可"两证合一"试点工作。以建设项目环境管理为主线，有效衔接排污许可制度和环评制度，推动实现从污染预防到污染治理和排放控制的全过程监管。①

四是深入打好蓝天保卫战。有序推动"双碳"战略实施，开展低碳社区、低碳发展实践区创建，配合推进水乡客厅近零碳建设。②

（五）聚焦绿色教育，深植生态文明理念

大力普及生态文明思想，传播生态文明价值，推动绿色发展理念深入人心。

一是构建生态环境科普体系。建设生态环境教育基地，充分发挥环境科普基地在环保科普工作社会化、群众化、经常化方面的示范引领

---

① 各产业园区根据"三线一单"和规划环评成果，积极做好规划环评整改，确保各项措施落到实处，不断夯实环境保护主体责任，推进产业园区生态环境管理体系精细化建设，持续构建绿色产品、绿色工厂、绿色园区、绿色供应链"四位一体"的绿色制造体系，加快实现产业园区绿色低碳转型和高质量发展。

② 聚焦重点污染物、重点区域、重点行业和移动源，切实加强监督管理和执法，对化工、印刷、建材、医药、家具制造、涂装、铸造、电镀工艺等涉及 VOCS 废气排放的行业开展专项保障工作，由环保、建管、绿容及城管等部门协作联动形成工作合力，切实提升执法效能，确保全覆盖、全过程、全链条式管控辖区内污染源。

作用。①

二是深入开展绿色小区创建。开展各类宣传展示和主题实践活动，倡导绿色价值理念，普及节能环保知识，引导居民树立生态优先、绿色发展理念，养成爱护环境意识，形成简约适度、绿色低碳的家庭生活方式。

三是创新生态环境教育方式。例如，区生态环境局、各街镇、工业园区共同组建绿色联盟护卫队，深入开展"绿色三次方"行动；区环保局深入开展生态环境损害赔偿典型案例宣传，及时回应群众关切，做好用最严格制度最严密法治保护生态环境的舆论宣传；区环境监测站不断优化实验室、报告厅、科普文化展厅等固定参观场所和参观路线，打造"环保科普零距离"，以各种形式带领大家体验各种环保知识和设施运行情况。

二、治理成效

青浦持续的全方位的生态环境治理行动，推动解决了一批生态环境瓶颈难题，促进了现代环境治理体系的建立和社会生态文明素质的提升，实现了产业兴、百姓富、生态美的有机统一，获评国家生态文明建设示范区（上海唯一），率先创建国家级"两山"实践创新基地。

---

① 如青浦区环境监测站、青西郊野公园被评为"上海市环境教育基地"，青浦区环境监测站依托自身优势和特点，建成了集参观、互动、科普教育于一体的环境教育和科普宣传基地。青西郊野公园开放区域 4.6 平方千米，以大莲湖为中心，着力打造以生态保育、湿地科普、农业生产、体验休闲为主要功能的湿地型郊野公园，引导广大市民亲近自然、了解自然、保护自然。

（一）生态优势转化为发展动能

青浦一以贯之地把生态文明建设摆在重要的战略位置，持续推动形成节约资源和保护环境的空间格局、产业结构、生产方式、生活方式，不断将生态优势转化为经济优势、产业优势、发展优势。"栽下梧桐树，引得凤凰来"。近年来，以华为科技、氢能产业等一大批高科技产业纷纷落户青浦，它们和"国家生态文明建设示范区"一起认证了青浦生态保护与经济发展的双赢成就。

（二）人居环境优化提升城市品质

生态环境综合整治美化了环境，腾出了发展空间，农村人居环境整治获国务院专项奖励。已建市级乡村振兴示范村 8 个，市级美丽乡村示范村 33 个，区级美丽乡村示范村 55 个，张马村、莲湖村、东庄村、任屯村等分别获得"中国最美村镇""全国文明村镇""全国乡村旅游重点村""全国民主法治示范村""全国生态文化村"等十余个国家级荣誉，"上海市美丽乡村建设青浦探索实践项目"获"全国人居环境范例奖"。

（三）生态环境质量持续改善

在全市率先开展"河长制"，完成第二轮太湖流域、苏四期水环境治理任务，20 个国考、市考水质断面和 309 个市河长办考核断面全部达标，劣 V 类水体全面消除，河湖水环境质量明显改善。完善水文监测预警预报体系，建立水利设施长效管理系统、市政排水设施监管平台、水情测报系统、河道蓝线 GIS 系统等信息系统，积极探索视频智能识别、大数据分析等新技术，"一河三湖"水环境质量提前达到 2025 年目标，成功创建全国首批、上海首家全国水生态文明城市。①

（四）生态宜居环境增进民生福祉

青浦在生态建设上突出亲民设计理念，有效地把生态环境综合整治和改善人居环境结合起来。青浦环城水系公园等水利工程，满足了市民对美好生态环境的向往，提升了群众的生态获得感和幸福感。

三、典型案例：华为落户青浦意味着什么？

华为是一家国际著名的高科技企业，它把新家选择在位于上海市青浦区的金泽镇。金泽镇是上海唯一与江苏、浙江两省交界的镇，也是进出上海的西部门户，面积 108.49 平方千米，处于环淀山湖生态带。金泽镇也是著名的文化名镇，素有"江南第一桥乡"的美称。但金泽镇的经济基础并不好，由于处在水源保护核心地带，很长一段时间发展受到制约。历届青浦区委和金泽镇领导坚守生态底线和红线，扛过了最为艰难的时期，留下了一片醉人的生态园地。伴随着示范区建设步伐，金泽镇的交通便利度快速提升。② 未来吴江汾湖高铁站点、嘉善高铁站点和青浦朱家角上海轨交 17 号线站点将形成示范区交通铁三角。

正是美丽的风景、悠久的历史和渐至佳境的交通，吸引了华为老总

---

① 实施重点生态廊道建设三年行动累计造林 11372 亩，空气质量指数优良率大幅提升。淀山湖、蓝色珠链岸线贯通构建 250 万平方米环湖生态湿地，蓝绿空间占比提高至 66%，2022 年入围全国"无废城市"建设名单，生态文明之路阔步向前。

② 公路有 318 国道、320 国道、沪杭甬高速公路、申嘉湖高速公路、杭州湾大通道、苏嘉杭高速公路、沪苏浙高速公路、沪宁高速公路、沪青平高速公路等，铁路有沪杭铁路，水路有杭申甲级航道、太浦河、淀浦河、拦路港、急水港等。

任正非眼球。为了考察选址，华为在长三角来来回回看了很多地方，还专门派一个工作组在金泽镇附近做了半年的观察。2016年上半年，青浦区政府收到了华为发来的信函，希望在金泽淀山湖畔择一块地，打造新的研发中心。当时，大家都感到有些意外，但细想一下也在情理之中，"绿水青山就是金山银山"是名言，更是至理。2017年6月1日，华为与上海市政府签署战略合作框架协议，双方约定在软件和信息服务业、物联网、车联网、工业互联网、智慧城市示范应用等方面开展全面合作，并正式启动华为青浦研发中心项目。2018年6月19日，华为在青浦注册成立上海海思技术有限公司。2020年9月27日，上海市政府与华为深化战略合作框架协议签约暨华为青浦研发中心项目开工仪式正式举行。华为青浦研发中心项目将具有高科技元素的现代化工作场所与绿色生态相结合，打造华为全球创新基地。

上海华为海思技术有限公司运营半年多来，纳税已超过2亿元。不仅如此，华为的落地也是示范区内产业链"强链"的推动剂。位于江苏吴江汾湖的英诺赛科（苏州）半导体有限公司与华为一样，选择落户示范区。该公司2017年11月成功建设完成我国首条8英寸硅基氮化镓量产线，与华为互为上下游关系，与华为在上海的研究所也有合作。与华为有着长期稳定合作关系的永鼎集团也是示范区内的代表企业。2022年，华为深度参与上海创新场景开发、前沿技术应用等方面的国际数字之都建设，8月，与上海交通银行股份有限公司签署深化战略合作协议，9月，与上证数据公司进行合作，在云计算方面实现了绿色升级、低碳运营。华为项目具有示范性，让周边的企业看齐对标，也使当地绿色发展信心更足。①

华为的落户选择告诉我们什么？

一是"人不负青山，青山定不负人"。保护绿水青山有时需要作出一定的牺牲，因此就更需要算长远账、算总体账，更需要有生态定力，不为眼前小利所惑，不为暂时困难所动。坚持人与自然和谐共生，让绿水青山源源不断地带来金山银山，这是一条光明的可持续发展的人间正道。

二是抓住发展机遇，厚植发展优势。青浦、吴江、嘉善三地具有优良的生态环境，发达的交通体系，高质量的高校和科研平台，在国家政策红利下，要充分发挥好政策优势、区位优势和生态优势，发展环境友好、资源节约的高能级产业，为绿色低碳产业发展之路进行积极探索。

三是推动区域协同，勇担全局使命。区域协调发展是优化资源配置、提升全要素生产率、提升城市群能级的重要战略。示范区要通过项目共建、制度共商等方式共担全局使命，推进区域一体化高质量发展。

四是坚持制度创新，优化营商环境。在探索将生态优势转化为发展优势过程中，要通过制度创新打破行政壁垒，通过共建共享突破利益障碍，实现全域生态环境最优化，联手推行营商环境改革和制度优化。

---

① 可以充分发挥华为上海海思技术有限公司的引领作用，打造世界著名产业，发展引领全球的智能制造产业；进一步拓展科技创新集群、垂直产业链，吸引研发基础雄厚的企业入驻，在集成电路、高端软件、智能传感等"卡脖子"关键性技术上加大研发创新，推动从设计、研发、生产、管理到服务的全价值链优化。

第二节 "创新湖区、乐居之城"的吴江实践

吴江位于太湖沿岸，素有"鱼米之乡""丝绸之府"等美誉，发展基础良好、资源禀赋优越。近年来，吴江坚定扛起"争当表率、争做示范、走在前列"的光荣使命，协同推进经济高质量发展和生态环境高质量保护，大力推进生态保护和修复，不断推动全域精彩蝶变。

一、治理举措

（一）"置顶"抓生态，高位谋长远

制定《生态文明建设规划（2020—2025）》《"十四五"生态环境保护规划》等政策意见，瞄准"四新"战略定位——生态优势转化新标杆、绿色创新发展新高地、一体化制度创新试验田、人与自然和谐宜居新典范，统筹生态、生产、生活三大空间，打造"多中心、组团式、网络化、集约型"的空间格局，优化全域功能布局，重塑经济地理。成立生态环境保护委员会，先后组建攻坚办、"三治"办、太湖办、大气办等区级推进协调专班，全力推动生态文明建设各项重点工作落实。印发《吴江区生态环境保护工作责任规定（试行）》等文件，强化党政领导干部生态环境保护职责和生态环境损害责任。加快落后产能出清，稳步推进转型升级，推进治污工程建设，塑造高品质宜居宜业宜游的人居空间。

（二）聚焦水资源，做优水生态

吴江是典型的"江南水乡"，水域面积302平方千米，占比24.4%，

在示范区内的水面率也是最高的。太湖岸线48千米，大运河吴江段58千米，区内河道纵横交错，湖泊星罗棋布，湖泊名称就包括湖、荡、漾、潭、湾等近20种，素有"千河百湖之城"的美誉。近年来，吴江围绕水治理这篇大文章，统筹"263"专项行动、三水同治、河长制、湖长制等，促进生态环境持续改善。

一是全力打好"碧水保卫战"。统筹推进水资源保护、水污染防治、水环境治理、水生态修复等工作。[1] 在全省率先建成水生态感知网，建立"一企一档"清单，开展全区喷水织机废水处理站专项整治，累计拆除印染企业染缸千余台，关停取缔电镀企业13家。

二是推进新一轮太湖流域治理。太湖是长三角地区重要的生态支撑和水安全保障中心，太湖治理是经济社会发展和生态文明建设的重中之重。通过退渔还湖、退垦还湖把20万亩水面还给太湖；通过生态清淤、生态修复、洪道疏浚重现东太湖碧波美景；通过"零排放""零污染"规划，确保太湖新城20千米太湖岸线不放一根排水管；同时确保周边50平方千米内没有一家工厂，彻底排除污染东太湖的可能性。[2]

三是建立全区污水治理"一张网"。系统推进治违、治污、治隐患

[1] 近三年，累计投入27.95亿元，安排太湖水污染防治重点工程23项，全面推进吴淞江综合整治，实施太浦河"沪湖蓝带"计划，创新推动东太湖综合整治、大运河生态文化带建设，统筹开展以工业污水治理为主的"三水同治"。
[2] 为推进太湖综合治理，编制《"十四五"太湖综合治理规划》，实施6项重点工程建设，太湖连续十四年实现"两个确保"目标，努力将太湖综合治理打造成生态文明建设的"样板工程"。

"三治"工作，不断推进城乡生活污水和农业面源污染治理，确保实现"源头管控到位、厂网衔接配套、管网养护精细、污水处理优质、污泥处置安全"的污水收集处理新体系。①

四是积极推进水系优化调整。吴江共有 50 亩以上的湖泊 320 个，其中列入江苏省湖泊保护名录的就有 56 个，占江苏省总数的 40%。吴江按照"一湖一策、一湖一景"原则，根据不同湖泊的地理位置和自然特性，因地制宜开展生态治理和景观建设，打造"特色各异、环境优美、生态宜居、产业集聚"的湖泊生态群落，形成"一湖一景"的生态绿色发展格局。同时以河为脉，通过串湖、连荡、接漾，强化"塘浦织圩田、荡漾驻乡愁、运河系文脉、淞浦达江湖"水网总体格局，分层分级推进水系结构优化调整，完善基于水安全需求和生态绿色发展需求的骨干通道和生态廊道，补齐区域水系有网无纲短板，进一步放大重点河湖生态功能，为一体化发展赋予新动能。

（三）坚持严格执法，打好防治攻坚战

紧扣改善环境质量目标，持续加大环境执法力度，解决环境突出问题。

一是查处环境违法案件。针对印染、电镀、化工、喷水织机等特色

---

① 如作为吴江首个生态安全缓冲区建设项目，横扇生活污水处理厂尾水湿地净化工程将污水处理厂尾水由"工程性出水"转化为"生态水"，满足受纳水体水环境功能，具有消纳、降解和净化环境污染，抵御、缓解和降低生态影响的功能。而吴江水务集团组建的吴江再生水有限公司对于全区污水厂的整合，更是实现了全区污水治理从"九龙治水"向"统建统管"的转变，加快推进美丽吴江"水韵之美"的整体布局。

行业和重点行业，组织开展"闪电""雷霆""飓风""利剑"等系列专项执法行动。吴江生态环境局先后两次荣获全国生态环境保护执法大练兵先进集体，跨界联合执法入选生态环境部优化执法方式第一批典型做法和案例。

二是深化土壤监管。严控土壤风险，做到土壤环境污染重点监管单位"一制度三报告"，确保污染地块安全利用率100%。强化固废处置体系建设，投入运行一般工业固废信息管理平台，为破解"小微"企业危废收集难题，建成全市首批危废"绿岛"项目，实现年产1000吨及以上危废产生单位和危废经营单位视频监控联网全覆盖。推进农用地土壤污染防治和安全利用，实施农用地土壤镉等重金属污染源头防治行动。严格建设用地土壤污染风险管控和修复名录内地块的准入管理，以化工、有色金属行业为重点，组织实施土壤污染源头管控项目，切实深入打好净土保卫战。

三是实施蓝天保卫战。与生态环境部环境规划院开展环境质量提升战略合作，在全省率先实施区镇空气质量补偿制度，以经济手段激发区镇治气动力。大力实施"263""331"等专项行动，制定VOCS"一企一策"重点治理项目，开展常态化夜查专项行动，打击企业偷排、直排以及污染防治设施不开启等违法行为。①

---

① 严格执行扬尘治理六个百分百标准和施工扬尘防治加强措施，全区林木覆盖率提升至20.14%，自然湿地保护率达70.6%。五年来，空气质量优良天数达标比率提高10.1个百分点，PM2.5年平均浓度下降37.8%，全区大气环境质量持续改善。

（四）守牢环境底线，激活绿色动能

一是完善正向激励机制。根据 2020 年 12 月出台的《江苏省排污权抵押贷款管理办法（试行）》，积极探索排污权交易与贷款，采用"排污权＋其他担保"的模式。其中，某纺织印染企业获得了 1200 万元的银行组合贷款，成为全省首笔超千万元排污权抵押组合贷款，为企业高质量发展注入绿色动能，入选江苏省"十佳生态环境治理改革创新案例"。大力推进智改数转，赋能传统产业再造升级，加快打造数字经济时代产业创新集群，并在全省首创工业企业资源集约利用信息系统，助推企业转型升级、实现绿色发展。二是高效开展环评审批服务。为更好落实《关于深化长三角生态绿色一体化发展示范区环评制度改革的指导意见（试行）》，印发《环境影响评价告知承诺制审批》《加强规划环境影响评价、区域评估与建设项目环境影响评价联动》《环境影响评价与固定污染源排污许可"两证联办"》三项改革实施细则，在示范区率先实现区域评估与项目环评深度融合，充分运用区域评估成果，简化项目环评编制内容。优化环保营商服务，打造"示范区绿色直通车"服务品牌，安排专人对接省市重点项目及重大民生工程建设，全过程跟踪、全方位服务，及时解决报批过程中存在的难点、堵点问题。

（五）提升人居环境，打造"中国·江村"

全面提升农村生态环境治理能力，加快推进农村人居环境整治工作，探索建立了"红黑榜"考核制度。系统推进农村基础设施建设，打

造"新时代鱼米之乡"最美乡村①，探索出一条生态优先、绿色发展、乡村振兴有机融合的新路子。

二、治理成效

吴江将生态文明建设摆在突出位置，融入党委政府中心工作、融入经济社会总体布局、融入长三角一体化发展、融入乡村振兴战略规划、融入污染防治攻坚战，形成了生态文明建设全方位、全地域、全过程大格局。

（一）打造生态绿色新典范

吴江把生态绿色作为高质量发展的底色，创造性地贯彻落实新发展理念，走出了一条生态文明建设的"吴江之路"。2021 年 10 月，吴江被生态环境部授予"国家生态文明建设示范区"荣誉称号，这是继国家环保模范城市、国家生态市、江苏省首批生态文明建设示范区之后，吴江获得的又一张重量级绿色名片。

（二）迈向生态治理新高度

吴江坚持站在人与自然和谐共生的高度谋划发展，深入推进环境污染防治，打好蓝天、碧水、净土保卫战，统筹水资源、水环境、水生态治理。在腾退"散乱污"企业和在全国首创"联合河长制"的基础上，持续推动联合巡河、联合监测、联合检测、联合保洁、联合治理五大机

---

① 先后投入各类整治资金超 20 亿元，实现农村垃圾分类全覆盖，农村地区生活污水治理率超过 85%，累计完成治违拆旧任务 2 万亩，全面完成各项涉农整治任务，农村无害化卫生户厕普及率保持 99.9%。

制常态化运行，推进"一河三湖"跨界水体沿岸地区污染治理和岸线综合整治，提升环境基础设施建设水平。不断推动生态治理体系和治理能力现代化，以绿色发展织就"生态绣"。

（三）构筑生态资源新优势

近年来，吴江全面提升生态系统多样性、稳定性、持续性，依托区域优质生态资源，打造了东太湖生态园、苏州湾体育公园、万公堤、同里国家湿地公园等"城市绿肺"，并逐步建立生态产品价值实现机制，完善生态保护补偿制度，持续提升太湖、吴淞江、太浦河、澄湖等生态品质，构建以水为脉、林田共生、蓝绿交织的自然生态格局。①

（四）激发美丽"江村"新活力

吴江对标示范区建设要求，高质量做好各类环境整治，吴江农村人居环境整治入选第二批全国农村公共服务典型案例。目前，环澄湖、环长漾、环元荡乡村连片发展，建成中国美丽休闲乡村 3 个、省级特色田园乡村 13 个，省级生态文明建设示范乡镇实现全覆盖，为美丽"江村"增添水韵乡愁、注入新活力。

三、典型案例："三张榜单"引领农村人居环境整治

改善农村人居环境，建设美丽宜居乡村，是实施乡村振兴战略的重点任务，事关广大农民根本福祉和美丽中国建设。吴江坚持系统推进农

---

① 按照美丽吴江建设愿景，吴江将聚力展现示范引领、双优融合的空间格局之美，太湖大运河河湖荡漾的水韵之美，江南水乡的田园之美，底蕴深厚的古镇之美，绿色智能的产业之美，以及各美其美、美美与共的人文之美。到 2035 年，将全面建成天蓝水清、生态宜居、文明和谐、绿色发展、文化繁荣的美丽中国吴江样板。

村人居环境整治，以"红黑榜""红黄绿三色榜""光荣榜"三张榜单为抓手，逐渐形成政府给力、村民自治组织聚力和农户发力的三方合力新局面。

一是以"红黑榜"完善考核体系。探索建立"红黑榜"考核制度，抽调专人组建专办，重点围绕农村生活垃圾处理、农村水环境管护、村容村貌提升三个方面12项内容，以日检查、周汇总、月通报的方式，对全区2288个自然村开展季度全覆盖式检查，每月发布自然村"红黑榜"，每季度发布行政村"红黑榜"和区（镇、街道）排名，并通过媒体对"红黑榜"进行公示。同时，按照"奖要奖到心动，罚要罚到心痛"的原则，将"红黑榜"考核结果与区镇高质量发展考核指标、村干部年终报酬、行政村奖励资金直接挂钩，并建立干部约谈、调整机制。利用完善的考核机制和奖惩导向，压实基层责任，倒逼农村人居环境整治主体责任落实。

二是以"红黄绿"三色榜落实主体责任。吴江是苏南民营经济发展的先行地区，20世纪90年代起，乡镇、村内的民营企业蓬勃发展，但原来的发展方式也为大量城镇近郊的村庄带来一些环境问题。吴江在问题较多的村率先探索"红黄绿"三色榜管理体系，将公共服务、群众自治、社会共治的理念引入到具体工作中，通过分类施策提高行政资源利用效率，激发村民、企业等市场主体的能动作用，推动农村社会治理体系现代化。重点在外来租住人员较多的村庄，将农村人居环境整治与消防安全整治相结合，红牌为人居环境和消防安全都不合格的农户，黄牌为人居环境和消防安全有一项不合格的农户，绿牌为人居环境和消防安全双合格的农户。各村根据检查结果给农户大门上贴上相应标签，利用农村熟人社会相互监督的传统，形成比学赶超的良好氛围。对挂上红牌与黄牌的农户开出整改通知书，对到期未能完成整改的，则会按照相关规定对其经营场所和出租房采取必要措施，对获得绿牌的农户则给予日常生活用品等物质奖励。

三是以"光荣榜"亮出农户成绩。农村人居环境整治不只是让村庄实现"面子"美，更要培育农民群众的健康卫生意识和环境保护观念，最终实现"里子"美。吴江鼓励各村创新探索多种形式的"光荣榜"制度，把农户的卫生文明成绩也晒一晒、亮一亮，在小组内、邻里间形成比学赶超的社会风气。各村按照农村人居环境整治标准，积极完善村规民约，明确农户对自己房前屋后、院落菜地实行"三包"，落实常态化保洁，成立由村干部、老党员、小组长、村民代表组成的监督小组，每月对农户开展检查评分，并在村庄显著位置设立"光荣榜"，将农户每月成绩进行张榜公示。不少村还对"光荣榜"制度进行创新升级，探索出了"光荣积分"兑换实物，"美丽庭院""美丽菜园"评比，组织最美家庭参观示范村等活动。①

农村人居环境整治后的吴江，呈现出一幅江南韵、小镇味、现代风

---

① 通过"光荣榜"制度，村民积极主动参与人居环境整治的热情日益高涨，从原先的房前屋后杂乱堆放、违章建筑随意搭建，到现在的房前屋后自觉清扫、堆放整齐，庭院美观、菜地有序，无不体现出村民的人居环境整治意识不断提高，逐步培育出文明乡风、良好家风、淳朴民风。

的"新鱼米之乡"最美画卷。2020 年 12 月 15 日，农业农村部农村社会事业促进司、国家发展改革委社会发展司、新华社中国经济信息社在北京联合发布第二批 23 个全国农村公共服务典型案例，"吴江区农村人居环境整治"作为江苏唯一案例成功入选。吴江实施农村人居环境整治工作的经验具有一定的借鉴意义。

一是要增强系统思维，赋能乡村振兴战略。农村人居环境整治工作要以乡村振兴战略为主导，以进一步提升农村政治、经济、文化发展为目标，用农村人居环境的全面提档升级，确保乡村振兴战略成效和农村地区的未来发展机会。农村人居环境整治中，要注重加强村庄规划建设管理，不仅要扮靓村庄颜值，更要为村庄可持续发展打下一根根桩基。农村人居环境整治中既要注重改善村民的生活环境，更要满足特色产业发展需要，依据村庄历史文化、民风民俗、环境特点等大力发展特色产业。要实施"生态＋"战略，促进各产业融合发展，立足自身资源禀赋、产业优势，积极探索发展村级集体经济有效路径，以绿色发展支撑高质量发展。要以和美乡村建设为牵引，以完善机制为保障，以加大投入为支撑，以群众参与为基础，以群众满意为根本目标，扎实推动人居环境整治各项任务的落实。

二是要坚持问题导向，健全长效治理机制。用更加务实的举措打通人居环境整治工作中的堵点和淤点。要通过查弱项、补短板，将工作任务严格落实到村、到人，对照问题清单，高标准、严要求开展人居环境综合整治。要做好规划，明确生活垃圾处理、厕所整改、生活污水处理等重点工作任务，确保农村人居环境整治能够达到预期目标，进而实现可持续发展。要实行考核评优奖励机制，压紧压实工作责任，形成工作合力。

三是要立足民生福祉，彰显为民造福初心。乡村是农民赖以生存的空间，保持生存空间的干净整洁，不仅仅有益于满足居民们日益增长的美好生活需要，同时也是农村现代化、城乡发展平衡化的必然过程。必须坚持"以人民为中心"的价值取向，以提升农民群众的获得感和满意度为导向，从农民最关心、最迫切的需求入手，鼓励引导农民全程参与规划、建设、运营、管理和维护，让群众真正成为人居环境整治的建设者、管理者和受益者。

四是要汇聚工作合力，构建多元治理体系。人居环境涉及范围广，决定了多元共治模式是人居环境整治的必然要求，要发挥群众主体作用，通过多元融合的宣传网络推动全员参与治理，使群众对农村人居环境政策由一无所知到入心入脑，对农村人居环境整治工作由袖手旁观到义不容辞，充分利用社会多方力量，创新多元共治模式，推进农村人居环境整治进程。要依靠科技支撑，积极探索数字乡村发展模式，对乡村居民生活空间、生活用水等进行监测，为提升农村人居环境综合整治提供可靠依据。要实现传统治理向网络协同治理的转变，将整治农村突出环境问题与农业绿色发展、打好污染防治攻坚战等问题共同纳入一个网络空间，将多元行动者纳入网络共同体，破解农村生态环境治理所面临的制度困境、能力困境和利益困境。

五是要加强党建引领，实现"上下"同频共振。充分发挥农村基层党组织领导核心和党员先锋模范作用，按照党委领导、支部带动、党员示范的要求，严格落实分包责任制。强化"党建+"管理理念，以"党建＋人居环境整治"为基本思路和工作模式，深化农村精神文明创建，开展"最美庭院""文明家庭""文明村民"等评选活动，引导农民群众摒弃不良生活习惯，倡导树立文明健康生活新风尚。要提升基层干部在农民群众中的良好形象和满意度，密切党和人民群众的血肉联系，切实通过党的领导、政策落实、党员示范、群众参与实现乡村人居环境的持续改进，在勠力同心、上下同欲、美美与共中塑好新时代乡村神韵。

第三节 "美丽嘉善、梦里水乡"的嘉善实践

浙江是"两山"理念的诞生地。作为县域科学发展示范点（全国唯一）和长三角示范区的重要组成部分，嘉善坚持"生态立县"，始终把生态文明建设作为县域治理体系和治理能力现代化的重要内容。近年来，嘉善大力实施生态文明体制机制改革，率先开展排污权有偿使用和交易、环境资源总量控制、生态环境状况报告、全域生态补偿、环境污染第三方治理、"最多跑一次"等生态环境领域改革，探索生态文明建设与经济社会发展相得益彰的新路。

一、治理举措

（一）坚持生态文明导向，实施"生态强县"战略

一是做优生态文明建设规划。嘉善在全国范围内较早地提出了"生态立县"理念，2010 年就编制《生态文明建设规划》。2019 年以来，随

着长三角一体化向纵深推进，嘉善的《生态环境保护专项规划（2021—2035）》呈现出高频的跨区域元素，初步构建了生态一体化新格局。坚持把生态思维作为底线思维，把生态建设放在首要突出位置，按照"科学谋划、顶层设计、系统治理、全域统筹"原则做到全县一盘棋，实现了生态文明谋划的精细化常态化。

二是做实生态建设激励机制。在强制性制度基础上，嘉善注重依靠经济激励手段推进生态文明建设，设立了生态建设专项资金，县财政每年安排3500万元资金，对生态示范创建、绿色系列创建、农村环境建设等予以重点补助，并积极探索排污权交易，将交易资金反哺生态建设。同时还拓宽融资渠道，吸引社会资金参与生态工程建设，有效建立健全"政府主导、政策扶持、多元投入"机制。

三是构建绿色发展制度体系。嘉善县不断从产业制度、城乡统筹、公众参与等方面优化制度设计，是浙江省较早推进资源要素使用制度改革的县域，其主要做法是开展企业绩效评价，采取企业分类管理办法，实行差别电价、阶梯水价、差别排污收费，对传统产业和落后行业进行倒逼提升，从而提高环境资源配置效率和企业亩均产出。实施生态文明公众参与"1+3"模式。①

---

① "1"是一项公约，即制定《全民生态公约》，从道德意识层面引导市民加强自律、互相监督，自觉关注自身行为对生态环境的影响；"3"即三项制度，包括企业环境信息公开制度、生态环保志愿团队制度和环境执法公众参与制度，致力于为公众更有效地行使参与权和监督权提供保障，从而实现市民全过程参与环境执法的"双向监督"。

（二）聚焦水系综合治理，勾勒"水清岸绿"画卷

统筹推进水污染综合防治和水生态修复，全力做好"以水兴城、以绿靓城"文章，努力建设碧水如练、风景如画的梦里水乡。

一是高起点谋划河湖水系综合整治。坚持"创新引领、安全为本、水岸同治、生态优先、建管并举"五大理念，依托全国中小河流治理重点县、中小河流治理、嘉善塘水系综合整治等项目，扎实开展农村水系综合整治。聚焦生态宜居推进全域美丽河湖建设，统筹推进水环境综合治理、美丽河湖创建、跨界联动治水，开创"治、管、护、兴"齐抓共进局面，营造"一村一港一风景""一镇一河一风情"的美丽景象。

二是高质量建设污水处理系统。高标准完成 5 个镇、12 个工业园区以及 147 个生活小区"污水零直排区"建设，形成中心城区南排、姚庄镇、西塘镇和天凝镇分区域处理的四大污水收集处理系统，全县各污水处理系统逐步实现互联互通。高效率削减农业面源污染，建设农田退水氮磷拦截沟渠，探索重点区域农业面源污染零直排建设。深化排污许可证管理制度，对固定污染源实施全过程管理和多污染物协同控制，实现系统化、科学化、法治化、精细化、信息化的"一证式"管理。针对印染、化工、电镀、纽扣等重点污染行业，实行统一进园生产，将原有零散分布的企业污水进行统一纳管、集中处理，率先完成县域全部工业园区"污水零直排区"建设。

三是创新河湖管护基层治理模式。依托"互联网＋河长制"管理机制，打造即时感知、主动作为、高效运行的河湖管控工作体系，并以

"河长巡河""数据协同"实现对全县河湖管护工作的高效全覆盖。①

四是大力实施水生态修复工程。坚持以编制全域水生态修复规划擘画流域水生态蓝图，以打造示范区水生态修复样板对标世界级河湖区，以实施萤火虫回嘉行动计划回归自然生态环境系统。通过河道疏通、岸边绿化、修建步道和石桥、种植水生植物等措施，对县域内的河道进行全面治理和提升。②

（三）落实环境整治攻坚，贯彻绿色发展理念

一是深入打好蓝天保卫战。强势推进工业废气治理，开展"五气共治"行动，做好空气质量专家技术服务项目，实施 $PM_{2.5}$ 及臭氧来源双解析，编制空气质量保障区"一点一策"实施方案、扬尘管控等细化方案，依托激光雷达、污染因子走航监测、空气网格化微站等高科技支撑，全面建成综合管理、实时监控的县域颗粒物治理和臭氧动态管理体系，实现县域环境空气质量实时有效监测监管。推进智慧环保建设应用升级，开展

---

① 如天凝镇"数字赋能"农村生活污水"智治"监管，建立"镇＋村＋运维公司"三级运维体系，实现农村生活污水处理设施管理运维可视化，大大提升农村生活污水处理终端的管理效能。干窑镇则在全面落实"河长制"基础上，进一步完善组织架构，明确"党员河段长"工作职责，赋予其"巡河员""督察员""劝导员""宣传员"职能，充分发挥基层党员临河而居、临河劳作的优势，建立完善"党员河段长"长效机制。

② 如盛家湾水生态修复项目包括 2.04 万平方米的水下森林系统构建，通过岸线整治、缓冲带生态修复、构建水下森林生态修复系统、建设生态湿地等举措，构建生产、生活、生态空间互利共生、和谐发展的"三生融合"物质能量传播纽带。祥符荡实施的清水工程，则是通过沉水植物、水生动物恢复工程和种植辅助，恢复祥符荡沉水植物的物种多样性，从而提升生态系统质量和稳定性，促进生态系统的良性循环。

"大数据分析成果应用专项行动"，为环境管理和执法提供数据支撑。

二是完善小微企业固废闭环管理。推进"五废共治"行动，按照"一般固废处置不出县"的要求，全面推进"无废城市"建设，补齐能力缺口，加强固体废物产生、贮存和处置的全链条闭环式管理。①

三是打造生态绿色工程。打造一批示范区践行"三新一田"战略定位的典型标杆项目，项目工程涵盖生态绿色、碳达峰碳中和等多个领域，具备特色亮、理念新、质量优等诸多特点。②

四是注重发展生态产业。重点围绕数字经济、生命健康等主导产业，加快与高校院所合作对接，推动创新资源向祥符荡科创绿谷集聚，打造世界级科创绿谷。③

（四）建设全域美丽乡村，打造最美梦里水乡

提升美丽乡村建设品质，深度挖掘乡村文化内涵，多措并举守护好

---

① 积极探索小微企业固废处置新思路，率先建成全市首家小微产废企业收集试点平台，着力破解小微企业固废收集转运不及时、处置出路不通畅等难题。依托小微产废企业收集试点平台，实施全面排查、专家把脉、精细管控等举措，形成源头、过程、末端同时精细管控的全过程管理闭环，有效打破产废方、处置方和运输方之间症结，为示范区固废管理提供了嘉善范本。

② 如：祥符荡生态修复提升工程旨在恢复祥符荡湖区生态系统，实现祥符荡水质、生态及景观的全面提升，为金色大底板、祥符荡科创绿谷提供绿色发展源动力；伟明环保提标改造工程力争打造一座技术国际领先的示范性、花园式环保设施，全面提升嘉善生态能源发电项目工艺烟气排放指标和整体建筑景观环境品质；竹小汇零碳科创聚落，则致力打造全国首个"零碳"创新聚落样板。

③ 与中国环境科学研究院流域中心合作共建中国环境科学研究院示范区科创中心，在嘉善县水生态保护与修复、减污降碳、水生生物多样性保护技术领域深入合作，助力嘉善突破水生态修复技术瓶颈，提升生态环境治理体系与治理能力，提供可复制推广的"嘉善经验"，将自身生态优势变为产业优势、经济优势。

水乡风貌。

一是推进城乡环境综合整治。编制实施"1+N"行动方案，打好"拆、建、管、改、提"等整治组合拳，分类明确环境卫生、城镇秩序、乡容镇貌三大类64项整治任务。①

二是创新实施村域善治模式。秉持新发展理念，在局部区域、关键环节上探索实践生态绿色发展之路。如姚庄镇紧扣生态绿色目标，以"生态绿色加油站"为载体，以自治、法治、德治"三治"为纽带，在横港村试行"'三治'积分＋生态绿色加油站"的村域善治模式，不断增强村民生态绿色发展意识和参与生态绿色创建的积极性。取得良好成效后复制推广至全镇18个村，建成了长三角首批生态绿色加油站，构建了新型城镇化背景下城乡社区特色的信用生态和治理体系。

三是提升美丽乡村建设品质。高品质打造美丽乡村，充分挖掘村容村貌民情和历史文化遗存，因地制宜打造"环境美、生活美、产业美、人文美、匠心美"的江南水乡风景线，集成展现村庄特色文化，如展幸村的大往文化、横港村的党建文化、北鹤村的桃文化。姚庄镇以"诗画田园、鱼果争鲜"为主题，建设全长16.11公里的桃源渔歌风

---

① 把实施"厕所革命"作为推进国家全域旅游示范区创建、贯彻落实乡村振兴战略、打造美丽乡村的重要抓手。大力推进"垃圾革命"改革，建立镇（街道）、社区、物业、分类企业"四位一体"网格化管理体系。建立"路长制"，加大主要道路沿线环境综合整治；实施"河长制"，推进水环境治理；建立健全生活垃圾"户集、村收、镇运、县处理"处理模式，实现无害化处理，形成了集"水面、路面、立面"为一体的立体式城乡环境综合整治长效管理机制。

景线。①

四是深化全域美丽乡村建设。编制美丽乡村精品村建设规划，合理定位每个村的个性特色和发展方向，规划形成"一村一景、四季有景"的美丽乡村。整合景区村庄和特色节点，将美丽城镇和美丽乡村串珠成链、串链成片，全面彰显水乡气质和"善文化"时代内涵。②

二、治理成效

嘉善以绿色发展为引领，率先打造了平原地区生态文明建设的县域样板，让"诗画江南里"的鱼米水乡，实现了人居环境和自然生态、产业发展和农民增收、创新要素和科技实力、生态理念和社会氛围的全面提升，形成了高含金量的"三张名片"。

（一）生态治理金名片

嘉善坚持走县域生态之路，成为浙江省首个实现国家级生态镇全覆盖的县（市）和杭嘉湖平原地区首个通过国家生态县考核验收的县（市），先后获得"国家卫生县城""国家园林县城""全国文明城市""全国农田水利基本建设先进县"、浙江省"绿水青山就是金山银山"样本县、"两美浙江特色体验地"等称号，先后被命名为"国家级生态示范区""省级生态县""国家生态县""国家生态文明建设示范区"，并被授

---

① 自北向南串起6个美丽乡村精品村，纵贯姚庄镇全境75平方公里，有效推动产业、文化、村庄、田园、生态融合发展，实现美丽风景向美丽经济转变。

② 如西塘镇完成祥符荡周边等重要节点的园林式改造，成功打造集古镇旅游、水乡风光、农耕体验等于一体的"梦里水乡·乡伴西塘"美丽乡村风景线，强力塑造世界级水乡人居文明典范。

予浙江省"五水共治"先进县大禹鼎。

（二）优质生态金名片

嘉善地处水域下游，境内约有90%来自上游客水，且具有潮汐水特质，水环境受外部影响较大，境内水域又呈现分布不均、水系不畅的特点，水体自净能力较弱。经过多年的"五水共治"（指治污水、防洪水、排涝水、保供水、抓节水），水质有了肉眼可见的好转。以COD含量为例，自2018年起，嘉善县出境水中COD数据下降明显，且出境水COD含量明显低于入境水的COD含量。"十三五"期间，嘉善县11个市控以上断面水质Ⅲ类水达标率由27.3%提升至100%。2020年嘉善县14个地表水常规监测断面水质综合类别为Ⅲ类，所有断面全部满足功能类别要求。近年来，县内生物种类增多，不少候鸟变"留鸟"，被称为生态绿色"指标"的萤火虫也回归造访，而付氏萤火虫是重要的生态环境质量指示物种，适宜生活的水质通常不低于Ⅲ类，还需要满足充足的食物源、躲避天敌的庇护所、幼虫化蛹越冬场所、雌雄虫婚飞等要求，对栖息地的生态环境要求极高。诸多生物指标印证了嘉善生态环境整治与修复的显著成效，为示范区建设创建了标志性成果。

（三）美丽经济金名片

从2002年确立"生态立县"，到2017年提出建设"生态文明样板区"，再到2019年被列为长三角生态绿色一体化发展示范区，嘉善始终坚持将环境保护和经济发展有机结合，增强科技实力、发展美丽经济，把绿色DNA注入到GDP中去，造就了强劲的发展后劲。嘉善科学统筹

"绿水青山"和"金山银山",将生态文明建设全面融入经济社会发展全过程,创造了"人与自然和谐共生"的美丽经济名片。

三、典型案例:嘉善构建 GEP 技术体系

浙江是"两山"理论的发源地。作为浙江接轨上海的第一站、长三角的重要链接城市之一,嘉善近年来探索推进生态绿色发展新路径新模式,积极构建 GEP 技术体系,全力做好"以生态兴城、以绿色靓城"大文章。

GEP,简称生态产品总值,是指一定区域内各类生态系统在核算期内所有生态产品的货币价值之和,包括物质供给、调节服务和文化服务三类生态产品的价值。为加快打通"两山"转换通道,完善绿水青山转化为金山银山的多元化实现路径,嘉善在全市率先开展 GEP 核算工作,探索制定适用于平原水乡地区的 GEP 核算技术规范,推进生态产品总值核算制度体系建设。其创新做法包括:

一是因地制宜构建本土化核算评估体系。2021 年将探索县域生态系统生产总值(GEP)核算体系纳入政府年度重点工作,印发实施《嘉善县生态系统生产总值(GEP)核算工作方案》。通过公开招投标确定技术支撑单位,确保核算工作科学高效。探索适用于河网平原地区的GEP 核算方法,制定《县域生态系统生产总值(GEP)平原河网生态系统核算技术规范》①,形成富有平原水乡生态特点的生态产品清单,完善

---

① 在浙江省 GEP 核算指南的基础上,增加节能减排、水环境改善、大气环境改善、合理处置固废等人居环境生态价值指标,优化数据统计制度。

县、镇两级指标体系和核算方法。

二是科学系统开展生态产品价值核算。强化数据收集，统一统计口径；对部分数据进行县镇两级收集分析，对尚未统计的数据，通过问卷调查、实地走访等形式，确保统计数据真实有效。完善统计报表，编制符合嘉善实际的生态产品价值核算统计报表，对核算数据进行科学分类、系统核算，确保数据准确。

三是积极推动 GEP 核算成果转化应用。例如，助推发放全市首笔"GEP 生态价值贷"①、将"GEP"核算纳入绩效考核等。②

GEP 是将生态优势转化为经济社会发展优势、打通绿水青山向金山银山转变关键路径的基础工作。嘉善县 GEP 核算成果的应用路径，具有重要的借鉴价值。

一是 GEP 纳入绩效考核评价体系。建立 GDP 和 GEP 双核算双考核工作机制，根据各乡镇（街道）定位，设定差异化的 GEP 年度增长率目标，并纳入乡镇（街道）政府绩效考核评价体系。

二是 GEP 纳入土地出让领域。探索"土地出让＋生态环境增值金"的土地使用价格形成机制。生态环境增值金可纳入地区生态环境发展投

---

① 通过科学量化供给产品、调节服务和文化服务等价值，核算 GEP 总值，帮助常益康家庭农场（这一季果园）向嘉善农商银行成功申请全市首笔"GEP 生态价值贷"500 万元，有效解决了生态产品"难度量、难抵押、难交易、难变现"的问题，真正实现生态价值向经济价值的转换。

② 以美丽嘉善考核为抓手，将"推进 GEP 核算并探索成果应用"纳入乡镇工作考核体系，用 GEP 来评估生态保护成效、生态文明建设工作任务完成情况，用数据对比来评价生态环境质量改善情况，不断完善绿色政绩考核制度。

资，支撑生态质量进一步提升。

三是实行湖荡 GEP 政府采购。湖荡可以提供水源涵养、水土保持、洪水调蓄、水质净化、大气净化、固碳释氧等功能。政府使用财政性资金向湖荡所在镇集体或其他组织采购湖荡提供的生态产品，规定镇集体将采购资金投入到环境保护和基础设施建设，进一步提高湖荡生态产品供给水平，增强生态产业发展后劲和绿色招商引资吸引力。

四是开展 GEP 生态贷。通过 GEP 量化核算、生态价值赋权、质押备案、给予融资，满足生态修复、生态旅游等无法依托现有生态资源等抵押物、但生态效益较为突出项目的融资需求，为地方经济发展注入活力；对已开工或投入运营项目，可通过评估对地方 GEP 贡献，给予一定的贷款利率优惠。

虽然青吴嘉三地的生态治理工作并不是示范区建立后才开始的，但示范区的建立进一步坚定了三地生态保护和绿色发展的信念，鼓舞了他们开展环境整治和生态保护的士气。示范区建立以后，三地也并非仅仅着眼于执委会安排的任务，而是把触角伸得更远更深更细，在生态绿色一体化发展旗帜下积极开展生态治理和绿色发展制度创新。

第七章

示范区一体化文旅融合发展推进机制

推动文化与旅游融合发展是党中央、国务院作出的重大决策部署，也是推动文化产业转型升级、旅游产业提质增效的重要途径。示范区本着一体化发展理念，推动文化和旅游各领域、多方位、全链条深度融合，实现资源共享、优势互补、协同发展，用生动的文旅过程和场景诠释了"两山理论"。

第一节 示范区文旅一体化发展的基础条件

示范区三地山水相依、地缘相近、文脉相通、经济发达，具有建设生态文化旅游圈的优良条件。兼有国家战略加持，推进文旅一体化发展的时机更加成熟。

一、区位优势：位置、人口与经济

示范区地处吴根越角，总面积约2300平方千米，其中先行启动区规划范围包括金泽、朱家角、黎里、西塘、姚庄五个镇全域，约660平方千米。区域内高速公路路网纵横，有沪渝（G50）、沪杭（G60）、申嘉湖等高速公路。随着沪杭、申嘉湖、苏通等高速公路和沪杭高铁开通，沪苏湖高铁全线开工，通苏嘉甬高铁海上钻探工程正式启动，沪嘉

城际铁路线位稳定，"1 小时经济圈"范围扩大，示范区将成为长三角地区的重要交通节点。在公共交通方面，已开通 5 条跨区域公交示范线路，朱家角古镇、东方绿舟、黎里古镇、西塘古镇等数个旅游点也由公交串联起来，示范区内"小交通"更为便捷。在水上交通方面，三地水网纵横交错，依托运河连接，自古就是江浙沪重要的水上交通枢纽。由于靠近虹桥国际开放枢纽，交通能级的提升为示范区文旅发展创造了更大想象空间。

示范区经济基础逐渐雄厚。青浦区近年来着力推动"三大两高一特色"产业体系的培育和导入，以大物流、大会展、大商贸、高端信息技术、高端智能制造、文旅健康产业为主导的产业体系已基本形成。吴江区素有"鱼米之乡""丝绸之府"的美誉，是"苏南模式"的代表性区域，2019 年度位列全国综合实力百强区第八位，所辖 8 个镇均进入"全国千强镇"，丝绸纺织制造业集群达到千亿元规模。嘉善县地处长三角城市群核心区域，以浙江接轨上海的桥头堡地位，成为上海的后花园之一。嘉善县是全国综合实力百强县、全国绿色发展百强县、全国投资潜力百强县，随着人工智能与机器人创业创新综合体、西塘宋城演艺谷等重大项目陆续建成，其经济实力与影响力进一步增强。相关研究表明，示范区及周边区域人均收入水平已进入休闲度假旅游消费阶段，旅游业正在成为经济新支点。2019 年示范区接待旅游人数 5962.92 万人次，实现旅游总收入 658.44 亿元，相当于示范区两区一县 GDP 的

17.5%。^① 三地客源主要来自浙江、江苏和上海。中国旅游研究院调查显示，2023 年"五一"假期，上海居民国内旅游消费金额最高，占全国游客国内游消费总额的 6.56%。中国游客平均出游半径 180.82 千米，同比增长 81.59%；目的地平均游憩半径 15.98 千米，同比增长 167.16%；跨省游客比例达 24.50%。2019 年，嘉善县共接待游客 2135.58 万人次，实现旅游总收入 268.93 亿元，入选中国县域旅游竞争力百强县市名单。西塘古镇景区接待游客 1136.26 万人次，旅游相关收入达 35 亿元，门票收入超 2.4 亿元，连续两年跻身千万亿级景区之列。

二、资源优势：生态、滨水与古镇

生态绿色是示范区的底色和亮色。青浦、吴江、嘉善太湖流域下游，水网密布纵横，汇集了大量的"湖泊""湖荡"，河湖水面率为 20.3%，生态保育功能突出，是重要的水源涵养地区。林地总规模 80.6 平方千米，占区域面积比例为 33.3%。水网纵横、河湖密布、林田相依的自然环境和生态基底，为自然游憩旅游提供有利条件。^② 同时，丰富

---

① 示范区内水乡古镇休闲文旅业态丰富，涵盖餐饮、住宿、研学、文博、节庆、演艺、休闲体育、工业旅游等多种业态，培育出了西塘汉服文化周、西塘酒吧一条街、吴江太湖文化节、中国围棋天元赛、朱家角水乡音乐节、实景园林昆曲《牡丹亭》、环意 RIDE LIKE A PRO 长三角公开赛等具有区域及全国影响力和知名度的文旅产品与赛事。古镇旅游业以西塘镇、同里镇和朱家角镇为代表：2019 年，西塘古镇游客接待量为 1136.27 万人次，实现旅游收入 35 亿元；同里古镇游客接待量为 742.42 万人次，实现旅游收入 2.05 亿元；朱家角古镇游客接待量为 780 万人次，实现旅游收入 1067.04 万元。

② 比如，青西郊野公园、青西现代农业园区、青浦环城水系公园、联怡枇杷生态园、上海四季百果园、朱家角野生动植物湿地公园、西郊淀山湖湿地、大千生态庄园、东太湖生态旅游度假区、同里国家湿地公园、静思园、同里暮湾尚、平望莺湖景区、桃源林海天池、震泽湿地公园以及嘉善的歌斐颂巧克力小镇、大云温泉生态休闲度假区、丁栅湿地、浙北桃花岛、碧云花海、干窑新泾港、拳王休闲农庄等。

的水泽孕育了与水共生的城乡空间，呈现出河湖相依、田林相映、镇村相间的秀雅趣味，历史机缘形成的苏南"镇区＋园区"、浙江特色小镇、上海科创社区等多样化的发展模式，星罗棋布的古镇、古村落成为文旅融合的家珍宝藏。① 此外，还有一些文体设施、古迹寺庙、度假休闲购物、公园农庄等，也是可以发掘利用的文旅资产。②

三、历史优势：深厚人文与江南神韵

生态资源和人文资源是文旅发展的重要物质基础。示范区温润的气候和典型的江南水乡风貌孕育了源远流长的江南水乡文化。马家浜文化、崧泽文化和良渚文化一脉相承，经过千百年的演化发展，形成了具有江南特质的吴越文化与近现代工业文明浸润的"海派文化"兼容局面。目前，示范区共有 15 家 4A 级以上旅游景区，4 处世界文化遗产（段）、7 个中国历史文化名镇、36 个历史名村、13 片历史文化街区（风貌区）和 48 处省（直辖市）级以上文保单位，非物质文化遗产、名人故居等历史文化资源富集。同时，示范区周边还分布着周庄、乌镇、

---

① 比如，青浦的朱家角古镇、练塘古镇、金泽古镇、徐泾蟠龙古镇历史文化风貌区、白鹤古镇历史文化风貌区、重固古镇历史文化风貌区、章堰村、张马村、蔡浜村、林家村等，吴江区的同里古镇、黎里古镇、震泽古镇以及嘉善县的西塘古镇、十里水乡、西园、北鹤村、汾湖村等。

② 比如，在青浦的国家会展中心、崧泽遗址博物馆、东方绿舟、陈云纪念馆、美帆俱乐部、上海大观园、可美术馆、民俗文化陈列馆、泖塔、珠溪园、曲水园、报国寺、圆津禅院、慈门寺、吴江的退思园、吴江的苏州湾文化中心、太湖大学堂、苏州青少年科技馆、圆通寺、师俭堂、柳亚子旧居以及嘉善的汾湖水上运动中心归谷智造小镇、孙道临电影艺术馆、吴镇纪念馆、干窑机器人小镇、互联网通信小镇、大云中德生态产业园、护国随粮王庙、陶庄圆觉寺、蒋村千年银杏、西塘古药师禅寺、莲花庵等。

南浔等久负盛名的江南古镇。示范区水乡古镇群落及其文化资源是江南水乡风情的典型代表。以吴越文化为根基的江南文化是示范区等地群众在相似的历史背景、共通的生活样态、相近的生产模式中孕育出来的，在历史发展过程中，基于文化的相似性和整体性形成的可交流、可传承、可延续的知识经验和行为规范塑造了示范区居民的共有文化基因，最显著的是开放包容、敢为人先的革新精神，崇文重教、精益求精的极致追求以及尚德务实、义利并举的优秀风范。它们不仅为示范区经济发展、政治建设、制度设计提供智慧活水，也能为凝聚推动一体化发展提供价值引领。[①] 在以生态绿色为基底的示范区一体化建设中，逐渐构筑起了尊重绿色理念、欣赏美丽经济、完善生态规范、推行绿色消费为主要内涵的绿色文化。与之相应的古镇生态网络构建、江南水乡文化生态保护区空间体系、生态游憩体系、"诗意栖居"的生态美学、绿色社区等价值理念，也展示了人与自然和谐共生的文化自信和现代追求。

四、政策优势：国家战略带来新契机

长江三角一体化发展上升为国家战略后，示范区三地不断释放全面深化改革的系统集成效应和相互合作善意，为破解文旅融合和一体化发展难题提供了历史性机遇。示范区执委会因势利导，牵头推进一系列政

---

① 比如青浦的崧泽古文化遗址、福泉山古文化遗址、青龙镇遗址，吴江的垂虹断桥遗址、运河古纤道以及嘉善的吴镇墓、窑墩、干窑瓦当、大往遗址、袁黄墓、陆贽墓、钱能训墓、独圩遗址等。还有包括田山歌、芦墟山歌、木偶昆曲、嘉善田歌、江南丝竹、盛泽小满戏、阿婆茶、摇快船、宣卷、拜香舞、牛角锐舞、平望辣油辣酱制作技艺、嘉善淡水捕捞渔俗、护国随粮王信俗会、嘉善宣卷、西塘八珍糕制作工艺等上百项国家级、省市级、区县级的非物质文化遗产。

策创新：

一是规划引领，构建湖区文旅发展格局。重点编制好《长三角生态绿色一体化发展示范区文化和旅游发展专项规划（2020—2035）》，聚力打造"江南味、国际范、水乡韵、田园风"的文旅形象，构筑"一核三片多点"文旅发展空间框架。

二是多方联动，打造水乡古镇生态文化旅游圈。2021年4月，《长三角生态绿色一体化发展示范区江南水乡古镇生态文化旅游圈建设方案》由上海、江苏、浙江文旅部门及示范区执委会会签印发。2021年12月，印发《长三角生态绿色一体化发展示范区江南水乡古镇生态文化旅游圈建设三年（2021—2023）行动计划》，实施推进绿色生态共保、文化基因共解、文旅产品共建等"十大工程"，加快推动示范区文体旅高质量一体化发展。

三是共建共享，推进示范区旅游公共服务建设。2020年3月，执委会会同示范区三地文旅部门共同制定了示范区旅游公共服务项目清单，重点确定了示范区旅游图片库建设、旅游网建设、旅游小程序开发、旅游微信运维、旅游识别符号统一以及惠民旅游等"六个一"的共建共享项目。推出示范区全域旅游智慧平台，为创建全域旅游示范区赋能。

第二节　示范区文旅一体化发展的先手策略

为有效保护传统文化遗产，传承江南水乡风情，促进示范区内古镇群落文化休闲和旅游资源的联动开发，共同打造示范区江南水乡文化品牌，高水平建设示范区江南水乡古镇生态文化旅游圈，推动示范区文化和旅游一体化更高质量发展，示范区协力打造江南水乡古镇生态文化旅游圈，作为推进全域文旅一体化高质量发展的先手棋。

一、建设原则与建设目标

（一）建设原则

以习近平新时代中国特色社会主义思想为指导，坚持绿色生态发展的总基调，践行新发展理念，坚持以旅游产业供给侧改革为主线，加大改革创新力度，坚持共商、共建、共管、共享、共赢，实现古镇群落文化旅游资源共保与联动开发，推动示范区文化和旅游一体化更高质量发展，打造具有国际竞争力的江南水乡古镇生态文化旅游圈。

1. 坚持生态优先，落实新发展理念

夯实绿色发展基础，保护好河湖林田荡共同构成的水乡生态系统，优化修复水系环境、滨水生态湿地与水乡自然肌理。坚持政策创新，注重生态保护与经济社会协调发展，内外联动、主客共享。坚持文化引领，发挥新标杆作用。注重传统文化遗产的保护与利用，深入挖掘与阐释水乡古镇的文化元素，传承江南水乡风情，坚持生态、文化与旅游融合发展，实现文化旅游深度融合。

2. 坚持目标导向，探索一体化路径

以文化旅游一体化更高质量发展的新格局为导向，直面一体化发展中存在的问题，聚焦生态保护、资源开发、品牌打造、公共服务升级、治理体系创新等，统筹兼顾、优势互补，探索行之有效的文化旅游一体化发展路径。

3. 坚持产业升级，实现高质量发展

以文化旅游产业供给侧改革为主线，坚持创新驱动，强化新技术应用，释放有效投资需求，推进重大文旅项目的谋划储备与落实落地，促进文旅产业升级，实现示范区内文化旅游更高质量发展。

（二）建设目标

1. 战略定位

建成长三角绿色生态文旅产业创新发展的集聚区、中国区域一体化文旅融合高质量发展的示范区、国际一流水乡古镇文化旅游圈建设的样板区。建成世界上最大的水乡古镇旅游产品集群，成为向世界展示中国"最江南"文化的重要窗口。

2. 战略目标

到 2025 年，示范区旅游产业增加值年均增长 10%，旅游产值 GDP 比重年均增长 0.2 个百分点，示范区水乡古镇生态绿色一体化文化旅游发展新格局基本形成。在生态环境共保利用、文旅资源联动开发、旅游交通互通互联、水乡古镇产品提质、文旅产业创新发展、公共服务共建共享、旅游治理共建共管等方面显示度明显提升；完善示范区文化旅游圈主要功能体系，建成一批生态环保、文旅融合、科技创新的重大文旅项目，形成一批可复制可推广经验，初步形成一个"理念相同、产品丰富、优势互补、各具特色、引领国内、享誉国际"的生态文化旅游圈。到 2035 年，示范区水乡古镇旅游圈的各项体制机制更加成熟，功能体系更加完善，全面建设成为国际一流水乡古镇文化旅游目的地和高品质

绿色宜游、宜居、宜业地。

二、空间布局与重要工程

（一）空间布局

本着逐步消除行政壁垒、打破行政地域空间界限原则，着力打造示范区江南水乡古镇一体化发展格局，即"1410"空间格局。

1. 一客厅

江南水乡客厅，范围在沪苏浙交界处约 35 平方千米范围，地跨金泽、黎里、西塘、姚庄四镇，由沪苏浙三地合力打造一处体现东方意境、容纳和谐生境、提供游憩佳境、共聚创新环境的"江南庭院、水乡客厅"。集中实践和示范城水共生、活力共襄、区域共享的发展理念，形成"一点一心、三园三区三道"的空间结构。实现跨区域产居人文生态一体化发展，塑造世界级水乡人居文明典范，建成长三角一体化共商、共建、共治、共享、共赢的制度创新试验田。①

---

① "一点"寓一体发展。充分挖掘长三角原点的独特内涵，围绕该地理标志打造一处可感知、可体验、可激发一体化认同的标志性场所。"一心"观江南意象。临近长三角原点，协同打造客厅核心区，通过交通网络链接周边城镇乡村，集中展示湖荡水网风光。重点研究核心区的功能配置及空间形态，聚焦打造文化交流、成就展示、协商论坛、管理平台、创新服务等标志性建筑群，发挥"客厅"作用，布局建设多样的创新聚落空间。"三园"显水乡基因，以湖荡圩田为底，将现代绿色生态理念和技术与历史悠久的传统理水治水智慧文化相融合，打造水乡湿地、桑基鱼塘、江南圩田三个展示园，展现湿地净化、水源涵养、循环农业、圩田再造等低碳技术应用与江南水乡生态景观。"三区"集创新聚落，依托金泽镇区、汾湖高新区东部片区以及嘉善北部片区等既有镇村人居聚落，以存量改造和新建相结合的方式，有机嵌入区域级、标志性的创新服务、会务会展、文化创意、科教体验等功能性项目，呈现面向未来的生产生活场景。"三道"链水乡风景，通过蓝道、绿道、风景道等水陆交通组织，串联自然地理和人文风景，形成人与自然和谐共生的水乡空间景观。

2. 四组团

环淀山湖组团范围包括示范区内金泽镇、朱家角镇，协调联动周庄镇、锦溪镇、淀山湖三镇。[①] 环汾湖组团范围包括示范区内的黎里镇、陶庄镇。[②] 沿运河组团范围包括示范区内的同里镇、震泽镇、平望镇、盛泽镇以及协调区的王江泾镇。[③] 吴根越角文旅组团范围包括示范区内的练塘镇、西塘镇、姚庄镇、干窑镇、天凝镇。[④]

3. 十节点

范围包括示范区内的西塘镇、同里镇、朱家角镇、金泽镇、黎里

[①] 充分发挥淀山湖的关联带动作用，利用水路、陆路联动金泽镇、朱家角镇以及周边周庄镇、锦溪镇、淀山湖镇一体化发展。充分利用淀山湖优良的生态环境与资源条件，围绕江南文化、海派文化、科创文化、古镇文化等地方特色文化，重点做好淀山湖"江南水乡"文化旅游度假区建设，以及区域性公共服务设施建设，打造世界级古镇文化旅游休闲区。

[②] 充分利用汾湖自然资源和优良的生态环境，依托黎里镇、陶庄镇古镇文化、湖荡文化、乡村田园风光等特色资源，将此区块打造成为以古镇游憩、水上游乐、体育运动、户外休闲、康养度假、艺术文创等功能于一体的运动休闲旅游度假区。

[③] 充分利用京杭大运河深厚的文化底蕴及沿线同里镇、盛泽镇、平望镇、桃源镇、王江泾镇等古镇丰富的文化和旅游资源，发挥平望四河汇集的龙头作用及大运河的联通作用，融合大运河文化带建设与大同里景区建设，积极推动京杭大运河沿线景观建设、同里古镇与震泽古镇建设，吴江运河文化景区建设，升级沿线接待与公共服务设施，将自然生态景观、古镇历史文化景点等串珠成链、连点成线、有机融合，构建集文化体验、研学旅行、康体养生、休闲度假等功能于一体的农文旅融合发展示范区。

[④] 以西塘镇为核心，联动姚庄镇、干窑镇、练塘镇以及天凝镇。充分发挥西塘镇在示范区江南水乡古镇文化和旅游发展中的龙头作用，以凸显"吴越文化"和"红色文化"为核心思想，深入挖掘吴越文化和红色文化特质，统筹推进区域内西塘镇、练塘镇、姚庄镇、干窑镇特色文化和旅游资源的开发利用及相关文旅项目的建设，营造全时空体验"吴越文化"和红色文化等主题文化的文化创意产业集聚区。

镇、震泽镇、练塘镇、陶庄镇、姚庄镇、干窑镇。各节点具有其特色的发展思路。如西塘镇重点围绕江南水乡古镇产品研发示范中心总体定位，高品质打造"梦里水乡·乡伴西塘"美丽乡村风景线；同里镇以同里古镇、国家级农业示范园区、同里国家湿地公园 3 张"国"字招牌为载体，不断彰显"千年古镇、世界同里"的影响力和美誉度；朱家角镇以创建国家 5A 级旅游景区为契机，打造世界级水乡古镇文化休闲区；金泽镇以"湖镇联动"与塑造江南水乡客厅形象为核心发展策略，全力打造"江南韵、小镇味、现代风"交织共鸣的新金泽；黎里镇全力推进"古镇＋乡村＋生态"全域旅游发展新格局，高质量建设"国际生态文旅示范小镇"；震泽镇充分发挥国家首批特色小镇、江苏省首批丝绸文化风情小镇以及江苏省级特色田园乡村的优势，打造一体化示范区的"丝绸客厅"；练塘镇以"红色养魂、古色养心、绿色养生"为理念，打造以红色爱国主义教育基地为主的"三色练塘"文旅目的地；陶庄镇积极拓展水、陆、低空三位一体的运动休闲、康体养生、文化创意项目，打造集文化艺术、康养度假、时尚创意等产品与业态齐备的文旅综合目的地；姚庄镇充分挖掘、利用农文旅资源，建设以"江南水乡、桃源渔歌"为主题特色的农文旅创新发展试验区；干窑镇深入挖掘、开发利用干窑镇瓦当文化，建设长三角知名的农工文融合发展示范区等。

（二）建设任务

1. 绿色生态共保工程

一是探索建立示范区江南水乡古镇绿色生态共保体制机制①，共同夯实绿色发展生态本底。

二是研究制定示范区江南水乡古镇绿色生态共保措施与实施意见，并严格执行。②

三是推进示范区江南水乡古镇生态环境联治，推动跨界水体环境治理，在生态系统保护修复、生态环境综合治理、生态文明制度建设、生态产业体系培育上积累成功经验、争当样板。

2. 文化基因共解工程

一是全面推行示范区江南水乡古镇文化基因解码工作，摸清各自资源底数，提取文化要素，编写文化基因解码报告，构建文化基因库。

二是编撰、出版"长三角生态绿色一体化发展示范区江南水乡古镇文化基因解码"系列丛书。③

---

① 对江南水乡湖荡密集、阡陌纵横的原生态水网和自然的乡村肌理、"最江南"的水乡古镇与村落布局以及整体生态环境风貌进行持续性、实时性的保护与动态监测、管理及执法监督，强化区域共保联治。

② 可以包括但不限于凝聚生态绿色发展理念、推进生态绿色城镇化、加快美丽乡村建设、推进生态绿色科技创新、调整优化产业结构、大力发展生态绿色产业等，以修复江南水乡古镇的生态、肌理、文化、建筑、产业等手段践行"两山理论"，用文化和旅游的视角与方式留住乡愁，以生态绿色发展的理念促进示范区生态环境的保护与创新发展。

③ 在充分挖掘江南水乡古镇文化内涵、解码江南水乡古镇文化形态和文化现象，构建江南水乡古镇文化基因库的基础上，出版《示范区江南水乡古镇文化基因解码》丛书，为示范区江南水乡古镇文化资源保护、文化开发利用、宣传推广打下坚实基础。

三是策划开发一批江南水乡古镇文旅融合精品项目，讲好江南水乡故事、展示江南水乡古镇魅力。

3. 文旅产品共建工程

一是打造一批高品质旅游景区。围绕江南水乡和古镇主题与特色做精做优一批高品质旅游景区、转型升级一批旅游景区、规划建设一批新兴旅游景区。（见表7-1）

表7-1 示范区江南水乡古镇优质旅游景区一览

序号	类别	旅游景区名称
1	做精做优	西塘古镇、同里古镇、朱家角古镇
2	转型升级	金泽古镇、练塘古镇、黎里古镇、震泽古镇、黎里镇文旅综合体、中华大观园等
3	规划建设	江南水乡客厅、陶庄镇、干窑镇、姚庄镇、汾湖运动休闲旅游度假区、淀山湖旅游度假区、恒天祥符荡文创产业园、中国纽扣文化博览园、五彩姚庄田园综合体、沉香荡生态旅游假区、"江南窑乡"文化体验园、汾湖环元荡生态乡村旅游区、黎里国际生态文旅示范区

二是开发精品主题旅游线路。结合未来水乡古镇旅游发展趋势，打造精品主题旅游线路，包含但不局限于：绿色生态体验精品线路、水乡古镇文化探秘精品线路、运河怀旧体验精品线路、乡村旅居度假精品线路、红色研学教育体验精品线路、文化演艺体验精品线路等。

4. 文旅品牌共创工程

一是成立示范区江南水乡古镇文旅品牌联盟，定期召开联盟大会，重点推进示范区江南水乡古镇文旅品牌共创、共享、共推等工作。

二是借江南水乡古镇共同申报世界文化遗产、引进国际知名品牌酒店以及打造国家（际）级江南水乡古镇文旅品牌契机，有序推进示范区江南水乡古镇统一文旅品牌的共创、宣传与推广工作。

三是借力"一带一路"国家战略，以及在此基础上开展的文化和旅游交流活动，提升江南水乡古镇在"一带一路"沿线国家的知名度和影响力。

四是通过共同举办国际化年度大型联动活动，搭建示范区江南水乡古镇文旅品牌传播和宣传推广平台，提升示范区江南水乡古镇文旅国际化水平。

5. 数字文旅共联工程

一是探索建立示范区江南水乡古镇大数据平台（中心），整合区域内文化和旅游数据信息资源，开放数据接口，统一数据格式，实现区域内文化和旅游信息数据共享。

二是探索建立示范区江南水乡古镇统一的公共数字文旅工程标准规范体系，实现公共数字文旅工程平台有效整合、管理统筹规范、服务便捷高效。

三是有序推进智慧城镇、智慧乡村、智慧景区建设，提升示范区江南水乡古镇智慧旅游服务与管理水平，实现江南水乡古镇智慧旅游服务与管理功能全覆盖。

四是大力推进以大数据、云计算、5G、区块链等新技术、新手段在江南水乡古镇的数字化产品、数字化管理、数字化服务、数字化营销等方面科研成果的推广应用。

五是示范区江南水乡古镇数字化文旅场景打造。充分发挥"数字科技＋文化＋旅游"优势，利用互联网、AR、VR、AI等技术，打造线上江南水乡古镇，形成"沉浸式场景"体验，实现线上与线下融合互动。

6. 交通网络共通工程

一是探索组建示范区江南水乡古镇旅游运输有限责任公司，由三地交通运输部门共同运营管理，全面负责江南水乡古镇区域游客集散、运输等。

二是统一规划设计、制作和安装具有江南水乡古镇特征的旅游交通导览识别系统，助力示范区江南水乡古镇统一品牌塑造。

三是与高德地图或百度地图深度合作，提升江南水乡古镇旅游交通卫星导航服务精准化水平，实现示范区江南水乡古镇内旅游厕所、旅游酒店、停车场、游客服务中心（旅游咨询点）等设施的精确定位。

四是优化配置江南水乡古镇区城镇之间在机场接驳线、高铁接驳线，以及公路、水运、旅游专线、直通车、共享交通工具等旅游交通运输资源，连通江南水乡古镇区各类旅游景区（点），提升旅游交通运输服务质量。

五是推进示范区江南水乡古镇区内自驾车营地、房车营地、旅游驿站等建设，进一步提升旅游交通服务便捷化水平。

六是开发建设环淀山湖与汾湖慢游系统，太浦河、京杭大运河、红旗塘慢游系统，以及串联起河流、湖荡以及各古镇的慢游系统。

7. 公共服务共享工程

一是探索建立示范区江南水乡古镇公共服务标准，实现公共服务共建共享，积累经验，形成长三角公共服务共建共享样板。

二是积极推进示范区江南水乡古镇旅游基础设施与接待服务设施统筹规划、设计与开发建设，实现江南水乡古镇基础设施和接待服务设施最优化配置，完善旅游接待服务功能。

三是探索建立示范区江南水乡古镇一卡通，持卡可以畅游示范区江南水乡所有古镇。

四是加大示范区江南水乡古镇公共文化场馆开放力度，构建区域公共文化场馆运营联盟。

五是探索建立江南水乡古镇文博院馆共享平台，实现江南水乡古镇区文化馆、博物馆、美术馆、图书馆，以及各类场馆的共用共享。

六是探索建立示范区江南水乡古镇志愿者服务制度。充分利用当地居民、地方大中小学生群体，利用闲暇时间或寒暑假开展志愿者服务活动，为当地居民或外地游客提供各种旅游服务。

七是探索实现示范区江南水乡古镇自驾游与自助游无障碍化。搭建示范区江南水乡古镇统一平台，整合基础设施、旅游接待服务设施、咨询服务设施等，实现"一机游古镇"。

8. 治理体系共融工程

一是建立示范区统一的公共治理体系，[①] 实现示范区江南水乡古镇公共治理的法治化、制度化和规范化。

---

① 包括旅游公共安全管理、文旅市场监管、文旅行业信用与自律、文明旅游、旅游市场联合执法、旅游环境联防、旅游投诉和公共事件应急处置等方面。

二是建立健全旅游安全信息管理、旅游安全风险防范、突发事件信息联播等方面联动工作机制，形成江南水乡古镇区域联动、信息畅通、应对高效的旅游公共治理服务新体系。

三是建立江南水乡古镇联动应急管理体系，全面提升江南水乡古镇公共应急管理的专业化、精细化、智能化和现代化水平。

四是建立示范区江南水乡古镇"黑白"名单制度，规范江南水乡古镇健康、可持续发展。

9. 文旅富民共惠工程

一是推动示范区江南水乡古镇内文化旅游设施提升完善，规范示范区江南水乡古镇文博院馆开发建设、运营管理和服务标准，为居民和游客出游提供便捷的服务。

二是逐步推出文化和旅游便民惠民措施，示范区江南水乡古镇区域内居民凭身份证或社保卡可以免费或优惠游览区内古镇及旅游景区。

三是出台相关扶持政策，鼓励示范区江南水乡古镇居民积极参与到古镇的开发建设、运营管理以及业态经营等过程，实现生产经营增收。

四是鼓励示范区江南水乡古镇民居以住房、土地入股等形式积极参与到古镇开发建设，实现入股分红增收。

五是大力推进示范区江南水乡古镇管理服务社会化，招徕当地群众到各古镇运营管理公司、酒店、保卫保洁等服务岗位就业，实现惠民富民。

三、重点项目和保障措施

（一）重点项目

依据示范区江南水乡古镇文化和旅游产业发展现状，以及未来文化和旅游发展趋势，构建十大重点项目，使之成为示范区江南水乡古镇一体化发展的金名片。（见表 7-2）

表 7-2 示范区江南水乡古镇十大重点项目一览

序号	项目名称	建设内容	牵头单位	建设期限
1	江南水乡客厅	公共设施建设、江南水乡景观打造，江南水乡博物馆、美术馆、名人馆、非遗主体广场等场馆建设，及其他参与性与体验性文化和旅游项目建设等	示范区执委会、上海市文化和旅游局、江苏省文化和旅游厅、浙江省文化和旅游厅、青浦区文化和旅游局、吴江区文体广电和旅游局、嘉善县文化和广电旅游体育局	近期
2	淀山湖"江南水乡"文化旅游度假区	推进金泽镇、朱家角镇，以及周庄镇、淀山湖镇、锦溪镇的保护与开发利用；江南水乡古镇博物馆等文博院馆建设；特色乡村旅游建设；主题游乐园项目建设；水上娱乐产品建设、休闲度假设施建设等，远期将淀山湖西南部区块打造成为国家级旅游度假区	上海市文化和旅游局、苏州市文化广电和旅游局、青浦区文化和旅游局、昆山市文体广电和旅游局	远期
3	江南窑乡文化体验园	以干窑镇瓦当文化为核心资源，融合周边古镇相似文化资源，开发建设江南窑乡文化体验园，做活"京砖"及延伸文化，形成文化体验、研学旅行、观光游赏、休闲度假等功能于一体的综合文旅目的地	浙江省文化和旅游厅、嘉善县文化和广电旅游体育局、干窑镇	远期

续表

序号	项目名称	建设内容	牵头单位	建设期限
4	同里水乡古镇生态休闲度假区	以同里古镇提升发展引领，大力推进国家级农业示范园、同里国家湿地公园旅游公共服务和涉旅项目的落地、提升，打造农文旅融合发展的同里水乡古镇生态休闲度假区	江苏省文化和旅游厅、吴江区文体广电和旅游局、同里镇	近期
5	江南水乡古镇世界文化遗产地	对标世界文化遗产标准，做好江南水乡古镇申报世界遗产各项工作	江苏省文化和旅游厅、浙江省文化和旅游厅、上海市文化和旅游局、苏州市文化广电和旅游局	远期
6	黎里古镇文旅综合体	以黎里古镇和汾湖为核心资源，开发建设住宿设施、餐饮设施、娱乐设施和购物设施等，形成古镇观光、文化体验、休闲度假、康体养生等功能于一体的文旅综合体	江苏省文化和旅游厅、汾湖高新区管委会	远期
7	汾湖运动养生综合体	充分利用汾湖及周边乡镇、村落环境与资源，重点推进水上演艺中心、游艇中心、休闲运动中心、游艇俱乐部、水景公园等建设	浙江省文化和旅游厅、嘉善县文化和广电旅游体育局、吴江区文体广电和旅游局、陶庄镇	近期
8	姚庄镇农文旅综合体	重点开发建设五彩姚庄田园综合体、文艺青年小镇、大往圩遗址公园、沉香荡生态旅游度假区、横港休闲村、丁栅创意老街等项目，打造成为农文旅创新发展试验区	浙江省文化和旅游厅、嘉善县文化和广电旅游体育局、姚庄镇	近期
9	吴越文化体验园	在推进西塘镇品质提升的基础上，重点做好黎里镇、姚庄镇、陶庄镇等乡镇的文化挖掘、梳理工作，围绕吴越文化主题，打造集观光、体验、休闲、度假、娱乐、商务、会展于一体的吴越文化体验园	浙江省文化和旅游厅、江苏省文化和旅游厅、嘉善县文化和广电旅游体育局、吴江区文体广电和旅游局	远期

序号	项目名称	建设内容	牵头单位	建设期限
10	大观园地块文旅体验区	以江南水乡自然资源、历史文化、古建筑文化与现代技术融合为项目主题，积极推进整体提升大观园核心景区功能，配套酒店会议中心，设立各类精品主题博物（科普、展示）馆群，引进全球非遗文化特色产业，举办主题节庆活动，通过5G/VR/AR 科技赋能向游客提供一站式现代旅游消费体验产品，打造集论坛会议、品牌发布、文化交流等于一体的国际高端文旅休闲娱乐区	上海市文化和旅游局、青浦区文化和旅游局	近期

（二）保障措施

1. 加强组织保障

一是在充分发挥推动长三角一体化发展领导小组办公室、示范区执委会的领导和组织作用基础上，筹建示范区江南水乡古镇一体化发展联盟，联合编制示范区江南水乡古镇一体化发展标准体系，定期召开长三角古镇一体化发展大会，发布示范区江南水乡古镇一体化发展宣言，制定示范区江南水乡古镇一体化保护与开发利用行动方案。

二是加强示范区江南水乡古镇开发建设跨区域、跨部门的统筹协调，由一体化示范区执委会制定具体实施方案并推动落实，强化对示范区江南水乡古镇九大工程及十大重点项目的组织协调、指导监督和服务工作。省级层面由各领导小组组织协调各项任务分工，编制项目年度实施计划，并做好落实监督工作。各区县及各相关街镇负责组织具体实施，推动建设方案中涉及本地区有关目标任务的落实，加快推进项目建设。

2. 加强要素保障

一是资金保障。设立示范区江南水乡古镇保护与开发利用基金，由国家、省、县（市、区）及各乡镇政府部门按一定比例共同出资构成，每年安排一定的基金用于古镇的保护与开发；以入股形式出资，用于古镇保护与开发利用，并按照入股比例进行分红；以示范区江南水乡古镇有形与无形资产抵押形式向金融机构贷款融资；以示范区江南水乡古镇联盟的名义向国家文化和旅游部、国家发展改革委、国家财政部等中央职能部门争取示范区江南水乡古镇一体化保护、开发建设，以及宣传营销等方面的专项资金。

二是土地保障。探索建立示范区江南水乡古镇土地统筹利用体制机制①；合理规划引导用地，确保重大文化和旅游项目纳入国土空间规划，并落实用地指标；鼓励盘活利用农村集体土地，加快农村集体土地流转制度建设，增强土地要素的保障能力；在生态环境保护法律法规及政策允许的情况下，探索合理利用示范区江南水乡古镇内丰富的湖荡资源和空间。

---

① 优先安排"亩产"高的文化和旅游项目落地"优势区域"，对"亩产"低的"劣势区域"通过行政手段给予一定的生态补偿，为民营文博场馆建设提供一定的用地支持。

三是人才保障。借力长三角旅游职业教育联盟，开展示范区江南水乡古镇人才流动平台，实现人才交流、人员互聘以及人员"双向"流动，提高人力资源协作水平。探索进行示范区江南水乡古镇内国企薪酬体系改革，实现差异化薪酬分配，支持对核心科研人员、重要技术人员和经营管理骨干等实施股权、分红等有效激励。

3. 加强政策保障

一是遴选示范区江南水乡古镇内文化和旅游最优政策，相互借鉴并推广，包括文化和旅游用地政策、民宿发展扶持政策、文化和旅游活动举办与非遗传承保护等相关政策。

二是创新示范区江南水乡古镇土地、财税、人才等方面的政策，探索建立示范区江南水乡古镇土地统筹利用政策、示范区江南水乡古镇人才流动政策、示范区江南水乡古镇统一税收政策等相关政策。

目前，古镇生态文化旅游圈建设正有序推进。2020 年在浙江西塘古镇召开了"美美与共，振'镇'有声"为主题的首届长三角古镇一体化发展大会，专题讨论了古镇的建设和发展问题。2021 年在浙江南浔古镇召开了第二届长三角一体化古镇发展大会，进一步聚焦如何整合长三角示范区各古镇资源、项目、基础设施，深入挖掘各地生态、文化、经济、社会综合效益。2023 年在江苏黎里古镇召开"赋能古镇发展助力联合申遗"为主题的第三届长三角一体化古镇发展大会暨江南水乡古镇联合申报世界文化遗产工作推进会，研究推进江南水乡古镇联合申遗工作，共谋古镇群落文化休闲和旅游资源联动开发的新路径。示范区聚焦文旅产品打造，深化一体协同①；聚焦服务体系建设，深化一体服务；②聚焦品牌外宣推广，深化一体形象③等做法不仅取得很好的效果，而且在相当范围内被复制和推广。

第三节　示范区文旅一体化发展的难题化解

示范区在文旅一体化发展中"勇闯无人区"，在生态环境共保、统计数据共享、水陆交通互联、标准共建、文旅品牌共创、旅游综合治理

---

① 秉持共商、共建、共管、共享、共赢理念，高标准谋划绿色生态共保、文化基因共解、文旅产品共建、文旅品牌共创、数字文旅共联、交通网络共通、公共服务共享、治理体系共融、文旅富民共惠、重要机制共建等十大工程。重点建设江南水乡客厅、淀山湖江南水乡文化旅游度假区等 73 个项目。下一步，两省一市将筹集文体旅发展专项资金，全力打造"长三角绿色生态文旅产业创新发展集聚区、中国区域一体化文体旅融合高质量发展示范区、国际一流水乡古镇文化旅游圈建设样板区"。

② 推动建设示范区综合性旅游集散枢纽，实现旅游交通的无缝换乘。推动示范区现有的旅游专线、公交游线高质量对接。深入研究智慧交通集散服务，通过对各集散中心串联道路的智能化改造，实现车与路、车与车及车与云平台之间的互联通信，打造示范区交运总集散。推动建设示范区智慧旅游综合服务平台，推进示范区旅游大数据平台建设，实行统一的监测标准。按照"绿色示范、互联互通"原则，制定统一的旅游绿色出行标准体系，为全国树立一个绿色出行的服务样本。深入推进以社保卡为载体的"一卡通"服务管理机制，实现示范区内更多公共服务的便民化。

③ 强化示范区旅游品牌形象一体化的塑造，提升示范区旅游公共服务能力。深化示范区旅游 LOGO 应用，在示范区微信、示范区旅游网、旅游小程序、示范区旅游地图、各类旅游出版物、旅游一卡通等元素上充分应用。在青吴嘉三地携手举办的旅游推介、联定的旅游业态、地标美食以及三地旅游公共服务机构、交通导视、示范区旅游专线、三地设立的示范区旅游服务中心、旅游集散中心等公共服务平台上实现识别的一致性。共同探索旅游合作的新思路、新举措，积极打造区域旅游交流合作新典范，持续深入推进三地联合推介，推广示范区丰富旅游资源和优惠旅游政策，搭建起旅游推介联合体，共筑示范区全域旅游一体形象。

等方面取得了长足的进步，一体化合作的政策、机制与服务平台等体系正在构建。但从更高质量一体化发展的目标与要求来看，既需要下决心突破一些瓶颈，又需要用智慧进行优化提升。

一、着力解决以下难题

（一）文旅产业竞争的同质化问题

三地星罗棋布的水乡古镇，既是江南文化的源头活水，亦是示范区的魅力所在。但是，由于有共同的文化背景、资源和环境，地域文化辨识度趋于一致，同质化很难避免。相似的建筑风格和布局、相同的装饰元素，甚至景点内店铺卖的东西都大同小异。区域旅游资源整合度不高，呈现大分散、小集聚的特点，跨区域文旅产业融合形式较少，错位发展不够等。

（二）文旅服务能级的瓶颈化问题

旅游咨询中心服务能级有待提升。目前旅游咨询中心主要设置在重点景区，旅游咨询中心功能也不够完善。基础设施建设缺乏全域统筹，旅游公共服务标准存在差异。目前一些公交线路与轨交建设带来可达性提升，应加快推进共享交通、慢行交通体系建设，弥补公共交通末端缺陷。特别需要指出的是，令人陶醉的生态美景，往往都在远离人间烟火地带。由于周边缺乏像样的宾馆，游客往往是来也匆匆、去也匆匆，既缺乏深度的体验和享受，又使白天和假日过于繁闹。

（三）文旅活动产品的低端化问题

目前仍缺少高品质、高能级的文旅吸引点和深度体验性的旅游产品。跨区域的文旅融合品牌演艺项目不多，特色鲜明、艺术水准高的江南水乡主题文旅体验有待挖掘。加上文化设施能级普遍不高，公共文化服务区域发展不均衡，无法实现更大范围内的供需对接。

（四）文旅资源利用的浅表化问题

一方面，地方特色文化挖掘不够深入，文旅产品个性化不足，文旅新兴业态培育不足。另一方面，将高新科技和新兴产业所包含的科技文化、管理理念和生动场景转化为文旅资源方面，还缺乏系统性的思考和别开生面的创意。

二、全方位进行优化提升

（一）"一体化"打造文旅形象

聚焦"江南水乡"特色，打造"世界级水乡古镇文化休闲区"，成为长三角城市群的"第一后花园"，建成集人文历史体验、水乡度假休闲、运动健康养生等于一体的高品质文化体验和旅游度假目的地，打造具有"江南味、国际范、水乡韵、田园风"的示范区文旅形象。在静静水乡古镇，回看江南历史；幽幽文化胜地，彰显国际魅力；湖泊河流之间，寻找人间仙境；田园阡陌之上，寄托浓浓乡愁。要把示范区打造成最能展现"江南文化"品牌的人文窗口、富有"水乡韵味"的全域旅游度假胜地、蕴含"田园情怀"的美好生活体验区。为此，要在改善文旅硬件设施和提升管理能级同时不断加大文旅品牌建设。

（二）"情景化"精益文旅体验

示范区文旅产业的"情景化"运营，就是要以游客需求为中心，将文化、消费与场景紧密结合在一起，打造集功能性和情感化于一体的全方位文旅消费新业态，实现文旅"内容产品化，产品活动化"。要将乡村民俗、历史传统、生活形态等挖掘出来，打造基于时间、空间、人文、业态的情景化项目，实现人与空间的无间共融、游客与在地居民的互动共鸣，要特别注意开发生态情景、文化情景、治理情景、创业情景等方面体验的广度和深度。要善于利用老物件、民俗活动、耕种文化、民间故事等营造文旅新场景，将游客置身于具有新鲜感和带入感的时空场域，增进对文旅场景和文化内涵的认同。

（三）"数字化"提升文旅技术

目前，示范区三地联合开发了全域旅游智慧平台"江南畅游"小程序。这个平台聚焦文旅信息、旅游专线、线路攻略、文创产品、非遗文化等内容，全方位展示了各古镇丰富多样、别具特色的文旅业态，为游客提供了一个覆盖旅游全流程的线上总入口。中国联通充分发挥"一个联通，一体化能力聚合，一体化运营服务"的核心优势，把这个平台作为"长三角文旅一体化重要示范"的跨域旅游平台，构建了数据汇聚、产业带动、高效管理、精准营销、服务贴心的智慧文旅新模式，全面赋能国家级全域旅游示范区的创建。[1] 示范区旅游服务微信公众号主要发

---

[1]　在游客端，小程序实现了便捷交互的数字化体验，以轻量应用方式，汇聚联通5G+智慧应用，通过扫码或搜索"江南畅游"小程序，开启了生态绿色示范区"畅游计划"。在政府端，小程序通过区域协同快速部署，依托开放式平台和运营机制，协调三地区县单位，打造生态开放、产业共享的一体化应用，实现了示范区协同，是长三角一体化在文旅领域的重要尝试。展示了（转下页）

布示范区旅游资讯，是三地旅游信息公共服务平台，进一步提升了长三角旅游魅力，促进了示范区文旅公共服务全面升级①，为旅客提供了吃、住、行、游、购、娱等智慧文旅体验。今后，应进一步加大数字化应用水平，提升消费能级和消费体验。通过数字化管理、数字化运营、数字化服务，促进示范区文旅"展示—体验—情感"空间的再生产；开发具有示范区特色的数字化创意产品，建立"云端"文旅市场，推动文旅营销由线下空间向云上空间拓展；通过数字化为游客画像，打造更精准、更具个性化的数字文旅服务。

（四）"多彩化"开发文旅内容

要做好融合这篇大文章，让文旅大放异彩。

一是资源融合。比如，农文旅融合发展模式不仅能够开拓乡村产业、活化乡村市场，而且能带动形成大文旅产业。②又如，大力推进博物馆景区化建设，将博物馆打造成为有温度、有故事、有品位、有体验的文化客

（接上页）示范区丰富多样、别具特色的文旅业态，提供了省心、安心、放心的旅游服务，聚焦文旅信息、旅游专线、线路攻略、文创产品、非遗文化等内容，让更多游客了解示范区、走进示范区、畅游示范区。

① 微信公众号实现信息跨区域融合，分"游在青吴善""食在青吴善""宿在青吴善""养在青吴善""学在青吴善"五个部分，导航栏分为"乐享青浦""指游吴江""寻梦嘉善"三部分内容，分别链接三地智慧旅游服务平台，为游客提供更优质的旅游信息服务，为示范区旅游传播注入新能量。数字服务实现了示范区文旅资源聚集、统一品牌化发展，形成了示范区文旅本地精品内容，优化了游客体验。

② 示范区在元荡生态岸线贯通工程三期的设计中就融入了金泽古镇"桥乡文化"，新建了9座景观桥梁并全部赋予了复古元素，力图体现金泽古镇"江南第一桥乡"的历史画卷。同时，这个项目毗邻大观园，是古典园林的写意，江南印象的缩影。江南印象里花木繁盛，将大观园内金陵十二钗所代表的花卉与（转下页）

厅和旅游目的地；以农村文化礼堂、新时代文明实践中心为载体，强化旅游服务功能植入，打造文化旅游点；推动城市书房、文化驿站、流动服务等服务平台走进景区，把具备条件的公共服务设施打造成旅游休闲场所；鼓励文化艺术活动向旅游者延伸服务等，都是很好的资源融合方式。

二是旅学融合。文旅目的不仅在于观光和浏览，也在于学习和研究。要善于通过红色文化、绿色文化、古文化旅游推进相关文化研究，用相关文化研究的深入积聚更多深度旅游人群。古镇旅游也可打造古镇＋美食、古镇＋研学、古镇＋疗养、古镇＋竞技、古镇＋演艺、古镇＋文创等文旅模式。①

三是新旧融合。长期以来，人们总是想在"古文化""水文化"上做文章，对不对？应该说也对也不对。打造"古文化"意味着对历史文化资源的自信和珍视；打造"水文化"意味着对自然文化资源的自信和珍视。这些都没有错，但不能自限于这些文化。一定要树立面向世

（接上页）花朝节结合。"十二花历，月月花开"，在这元荡湖边演绎了一场"江南花事"，形成了"十二景"，并通过文化廊、文化墙、栏杆诗词、铺装诗词、雕塑小品等方式彰显文化魅力。通过水与步道、水与植物、水与园林建筑、水与桥的因借，塑造典型的江南园林式水岸空间。再如，围绕善文化，嘉善做强西塘汉服文化节、大云甜蜜文化节和长三角古镇一体化发展大会，还进一步谋划将江南水乡高峰论坛升格为国际性文化节庆活动。不断整合提升现有节庆赛事活动，结合文化和旅游项目开发建设，策划组织了一批文化和旅游节庆、会展活动和赛事活动。还积极承办长三角"环淀山湖"系列体育赛事等，在产业发展中发展了江南文化。

① 比如，红色文旅要以红色文化为根底，挖掘在"四史"中的红色路线、红色基因、红色历程，凸显红色主题的深刻内涵，以重点事件、重点人物的学习与研究牵引红色文旅产业发展。美丽的自然风光也要与"两山理论"互为表里，产生更多的思想教育效果。

界、面向未来、面向现代化的雄心和慧心，对日新月异的区域发展过程进行相应的文化关照和文化把握。进博会、虹桥国际枢纽以及示范区建设本身，还有代表性的创新企业、新兴业态和试验基地建设的生动过程，不仅是伟大的经济实践过程，也是伟大的文化孕育过程。它们正在为示范区文化发展赋予更多的现代特征，让示范区增添充满朝气的创新文化和开放文化特色。比如，嘉善围绕示范区打造"生态优势转化新标杆""绿色创新发展新高地"战略定位，充分开发了祥符荡科创绿谷，与相关部门共建长三角双碳创新实验基地，对腾退村落进行改造，引入生态科研机构，积极践行绿色低碳理念，按照绿色建筑三星标准建设，注重建筑节能科技的运用，着力打造首个"真零碳"创新聚落样板。①现在，祥符荡不仅是游客旅游、休闲的好去处，也吸引了众多高端科研资源在此集聚，走上了一条高质量发展之路。

四是城乡融合。乡村文旅尤其要避免"四孤"、实现"四融"。即避免孤芳自赏、孤陋寡闻、孤立无助和孤掌难鸣；融入城镇体系、融入生态体系、融入文化体系、融入市场体系。

---

① 祥符荡集聚了浙江大学长三角智慧绿洲创新中心、嘉善复旦大学研究院等高端科研资源，一批院士领衔的国内外顶尖研发团队也在这里打造示范区科创高地。并在此基础上着力探索水下碳汇。祥符荡 191 万平方米的水下森林，每年可减少约 7700 吨二氧化碳释放（约 3000 吨标准煤燃烧释放的二氧化碳量）。按照 1 棵树平均一年大约可吸收 18 公斤的二氧化碳来核算，这里相当于种植了约 42.7 万棵树。嘉善还与相关部门签约，共建长三角双碳创新实验基地，探索水下和农业农村领域碳排放监测核算认证体系，构建碳排放认证中心。

第八章

走向深水区的示范区一体化制度创新

示范区自 2019 年 10 月成立以来，在长三角一体化发展理事会领导下，示范区高标准、高质量完成《长江三角洲区域一体化发展规划纲要》和《长三角生态绿色一体化发展示范区总体方案》中的预期建设任务，目前已走向攻坚期和深水区，一体化制度创新面临许多新的挑战，对制度创新的深度、精度和系统性也提出了更高要求。

第一节　示范区制度创新面临的问题与挑战

进入改革"深水区"的首要标志是制度创新遇到了法律支撑问题。同时，制度创新过程的内在协同要求更高。对照中央要求和《总体方案》的目标任务，有些方面急需有大的突破，比如说财税分享等；在一些已经初步建立的制度中，比如保障跨域生态治理、打造区域一体的产业创新链、形成凸显生态价值的发展方式、建立统一的公共服务标准以及更新土地存量盘活机制等方面也需要完善。

一、制度创新的法律支撑问题

（一）跨区域生态治理有待配套法律法规支撑

自示范区生态环境管理"三统一"制度建设方案实施以来，三地率先实现跨界执法协作互认，开展了一系列联合执法监管，但在实际执法过程中，因各省标准管理现状不同，示范区执法标准统一流程不畅，强制性生态环境标准出台难度大。

（二）一些创新项目的涉法责任认定需要细化

在探索实施"绿岛"环境治理项目、小微企业"打捆环评"审批模式的过程中，如何明晰各方污染防治责任边界，如何落实各方污染防治义务，如何采取有效的监督管理方式，如何确保治理设施长期稳定运行，若出现超标排放情况处罚如何分配等问题，需要进一步完善相关配套机制，厘清责任、破除障碍。

（三）在共性标准和执法机制衔接上需要深化

国家、长三角、两省一市在部分领域的制度和标准上存在差异，示范区共性标准与各级标准未能无缝衔接，存在层次冲突现象。执法人员跨界执法取证、取证互认、联合监督等仍存在上位法律依据不足、相关规定不明确等障碍。同时，新产业、新业态、新模式不断涌现，已超越现有制度和标准范围，通过构建新标准带动产业升级、企业进步的需求越来越大，难度也越来越高。

（四）基础性信息和平台数据共享技术亟待加强

目前产业目录、政务目录、公共服务目录等基础目录不统一，影响了示范区一体化运作效率。省、市、县层面存在数据统计口径、数据来源、发布路径和管控要求不同，"自下而上"推进基础数据的统一难度大，造成数据碎片化现象。

二、制度创新的过程协同问题

（一）跨区域协同创新机制有待健全

尽管以高新行业企业为代表的创新资源正在向示范区集聚，但创新生态尚未成熟，相对于《总体方案》中提出的"打造国际一流的产业创新生态系统，构建更大范围区域一体的产业创新链"目标仍有距离，需要进一步加大示范区产业体系跨区域布局、科技创新跨区域协作、人才要素跨区域流动、市场资源跨区域配置等方面的力度，形成区域协同创新体系和科创产业融合发展格局。如何建立适应"基础研究—应用研究—孵化培育—产业化—产业协作"等全创新链产业链的政策制度环境，增强对各类创新资源"磁引力"，形成更强的集聚效应，成为示范区亟待解决的问题。

（二）部分领域公共服务标准有待统一

受限于三地原先事务办理标准和业务流程的影响，部分项目共建共享方面还存在不顺畅的问题。在服务流程方面，政务服务事项受理标准尚未统一，跨省通办"综合受理服务窗口"建设尚未形成相应的受理服务规范。在服务标准方面，比如零售药店的跨省直接结算、门诊特殊慢性病直接结算病种的进一步拓展等受到一定程度的限制。由于行政隶属不同、经济发展程度不一、财政体制存在差异，三地的医保政策和待遇享受均不同，深入推进跨省异地就医直接结算方面存在难度。

（三）外部合作与内部协同未能有效贯通

目前，示范区所创造的制度成果在接通毛细血管方面效果明显，内部的经络还未彻底打通。

一是跨领域的协同合作形式创新不够。政府和政府之间、企业和企业之间、社会和社会之间在同一领域的协同合作形式比较丰富（如河长制），但这类合作大多局限于某一特定领域或层面，政府与企业、政府与社会、企业与社会之间的跨领域合作较少。

二是跨省域的协同合作渠道创新不够。比如，上下游在生态环境标准清单、水质标准等方面不统一，导致三地联合执法及跨界执法监管难以操作。又如，碳普惠问题，老百姓需要参与的物质奖励，企业需要碳排放的权益，但目前尚未建立起促进企业购买居民减碳降碳权益的渠道。

三是上下游的协同合作方式创新不够。目前示范区还未建立上下游之间的生态补偿制度，上游吴江经济发展优于下游的嘉善、青浦，常规的生态补偿标准认定就比较艰难，即使下游愿意补偿上游，但相对于牺牲工业发展机会所付出的成本而言，上游参与意愿并不强烈，需要综合发展程度和发展机会创造性运用生态补偿机制。

（四）设施建设与长效运维需要做好衔接

示范区短时间兴建了很多公共设施，但设施长效运行管理机制尚不完善，实际运行效率有待进一步核算。如城镇污水集中收集率和处理率的研究核算；废水排放量、主要水污染物排放通量数据的监测以及农业面源和农村生活源监测和测算等还未突破。

三、制度创新的主体能量问题

示范区为防止机构规模低效率膨胀以及避免与区域内现有的地方政

府产生利益冲突，采取"强协调、弱审批"的运作模式，统筹效率高，但在某些层面显得能力不足。

（一）整合资源的能量不强

执委会相应的协调权与审批权不足，统筹力度有限，示范区三地由于自身的发展基础、经济体量、科创能力和行政级别，在整合国内外高端资源尤其是顶级资源方面显得力不从心，与"加快集聚全球顶端资源、盘活存量资源、构建高标准的功能载体"等更高要求相距甚远。

（二）协调各方的能力较弱

在示范区快速动态发展过程中，政府、市场、社会共同参与、同台共舞，虽然总体目标一致，但在利益理解、管理权限、压力感受、进程节奏和互动方式上都有差异，因此协调难度非常大。如生态环境评估信息基础薄弱，部分数据资料缺乏、标准不统一，难以实现跨区域、跨部门的信息协同共享。

（三）跨域项目申报权限不足

在传统的行政体制中，国家级项目一般以省级为主体，而长三角和省级项目一般以地级市为主体进行申报，示范区中青浦、吴江、嘉善均处于"两不靠"的状态，没有申报资格，成为跨域性项目申报的"夹心层"。

（四）过分依赖行政推动协同

虽然在协同效率方面，行政推动优于其他形式的推动，但也带来了相应的参与行政成本及行政限制。比如，目前有限的审批权与充分协调权之间仍处于磨合阶段，在创新发展、科研突破等方面存在一定的负效应，导致企业和社会等其他主体参与积极性降低。

四、制度创新的成果推广问题

（一）生态价值开发能力偏弱导致复制动力不足

示范区虽然有着生态绿色发展的本底，农林空间密布，湖荡水网纵横，碳汇资源丰富，但生态价值转化机制尚未构建起来，容易给人"绿色却不发展"的印象。由于在探索生态产品的价值实现机制方面相对滞后，在实现生态价值与经济价值统筹协调发展方面的投入不够，产出更弱，难以形成绿色发展的标杆和示范效应。

（二）示范区科技成本较高导致复制能力偏弱

比如，示范区先行启动区西塘以"双碳"目标倒逼制度创新，积极探索具有引领性、示范性的碳达峰碳中和一体化协调制度、政策、技术和项目，其中打造了零碳概念的"竹小汇"，其建造改造材料均采用高科技可循环绿色低碳产品，制作采购成本非常高，虽然每年有很多外来干部来参观学习，但真正复制推广的并不多。

第二节 完善示范区制度创新的运行保障机制

面对各种深水区问题，必须聚焦"两个率先"核心使命和"一田三新"战略定位，进一步完善制度创新的运行保障机制，适时突破现有的制度障碍、组织瓶颈和技术难点，为示范区持续推进和深化制度创新创造必要条件。

一、健全对示范区跨域协调权的组织保障与法律保障

在组织保障上可以考虑在赋予示范区执委会省级项目管理权限基础上，提升执委会统筹协调能级。在法律保障上，一方面，可以聚焦基础好的重点领域制定地方政府规章；另一方面，可以暂停或调整实施行政法规相关条款。

（一）赋予示范区更大跨省域配置资源的主体资格和权力

建议国家相关部委在耕地安全、生态安全、经济安全等领域为示范区制定"负面清单"，凡"负面清单"未禁止事项，均可授权示范区"先试后报"，国家相关部门重在事中事后监管。国家和两省一市相关部门批准，凡需以省级或地级行政区为主体申报的各种试点项目、资助项目、工程项目，示范区均有同等申报主体资格，包括国家自主创新示范区、国家全域旅游示范区、中央生态环境专项资金、国家 EOD 试点项目等。国家和两省一市已有或将推出的相关试点项目，均将示范区纳入试点范围。要进一步健全对示范区制度创新的"容错免责"机制。

（二）聚焦基础好的重点领域制订地方政府规章

在法律保障上，一方面，可以聚焦基础好的重点领域，制定地方政府规章。例如，在城管执法等领域出台相关政府规章统一行政执法标准，当前沪苏浙两省一市相关部门已形成一定共识，推动该领域立法协作难度相对较低。另一方面，可以暂停或调整实施行政法规相关条款。针对三地因地方性法规在操作流程等方面不同而导致的难以协同的事项，可由地方人大作出在某市 / 区 / 县暂停或调整实施地方性法规相关

条款的决定，或提请国务院作出在某地暂停或调整实施行政法规相关条款的决定。

（三）赋予两省一市在示范区内的立法变通权

示范区亟待深化的若干改革举措，是对现有相关法规或政策的突破。建议授权两省一市人大及其常委会遵循宪法、法律和行政法规基本原则，联合制定示范区的单行法规，且可对法律、行政法规、部门规章、地方性法规等作变通规定。可仿效云贵川联合制定《赤水河流域保护条例》，从生态环境共保联治入手，探索两省一市联合立法机制。对暂无法律、法规或明确规定的领域，授权执委会先行制定相关管理措施，并按一定程序报备实施。对示范区已形成的成熟制度或做法，经进一步研究后可以上升、固化为法律法规，便于更有效实施落实和复制推广。为此，建议两省一市人大建立常态化工作机制，及时将示范区成功制度创新成果以法规形式固化，其中适用于全国的制度成果，两省一市人大可联合提请全国人大立法。

（四）逐步做实执委会"充分协调权"

建议两省一市党委组织部、政府办公厅对相关部门和干部开展评价考核、晋升选拔时，把执委会年度重点工作内容纳入绩效考核体系，并赋予执委会参与考评权。对推进长三角一体化发展的相关事项，执委会与两省一市政府办公厅建立对相关部门的协同督办机制。可授权执委会商调人员、组建临时性跨省域、跨条线的专项"协调小组"，为促进跨省域、跨领域改革系统联动，重点攻关堵点难点。

二、建立促进一体化发展制度创新的物质保障机制

（一）建立相对稳定的跨域协调机构的持续经费投入机制

拥有稳定的财政资源是一个跨域协调机构稳定运转的物质基础，这就要一套有效的筹资机制。就示范区而言，各个跨域项目的规划与协调离不开大量经费的支持。一方面，示范区要积极争取中央考虑实行对先行启动区的税收返还政策，并通过政策性专项资金以"戴帽下达"的方式，切实支持示范区推进一体化试点。另一方面，两省一市应逐步加大对示范区财税支持力度，考虑试行将区域内新设企业新增税收的留成全部用于区域前期开发建设，激活示范区建设资金的"造血功能"，加速资金周转，实现资金平衡。

（二）建立保障重大项目建设的土地要素供给机制

示范区位于两省一市交界处，区域内永久基本农田保护面积达110.7万亩（占18.15%），"一厅三片"等重点区域、重大项目建设均受严重制约。要让示范区的一体化制度创新在未来呈现出更加明显的实效，还需要提供相应的土地要素保障。具体而言，一方面要加快推动《长三角生态绿色一体化发展示范区国土空间总体规划》的报批工作；另一方面，可以在省（市）级层面统筹新增建设用地指标、占补平衡指标等，参照国家、省（市）级重大项目给予政策和要素支持，并指导加快项目审批。

（三）赋予示范区更大的项目审批权限

示范区地处两省一市交界处，区域内林、田、河、湖、村等要素众

多，跨区域重大项目建设不可避免涉及占用基本农田、生态保护区、林地等管控区域。尽管两省一市在用地、资金、财税等方面赋予了示范区一定权限和试点，但在落地实施上仍存在一定难度。建议在保护耕地红线、严守生态保护红线、严守环境质量底线的前提下，两省一市赋予示范区更大的制度创新权限，探索建立重大项目的绿色审批通道，优先对重大项目的资金、政策、土地等要素予以保障，更好地推进示范区的建设和发展。

三、全面加强制度创新主体能力建设

鉴于国际形势的复杂多变、国内经济社会转型发展压力增大、一体化发展目标要求更高，必须加强制度创新主体能力建设，提高制度创新能级和技术精度。

（一）加大纵向协调权力，解决上下协同问题

政府间横向竞争的核心问题是利益争夺，因此，完善跨区域协作行政框架应当充分考虑从纵向维度科学协调各地区的利益分配和相互间的利益纠葛。一体化的利益协调机制是推进示范区生态协同治理的重要载体，也是明确各地治理权责、提升行政效率、优化资源配置的根本保障。要平衡地区发展利益、提升资源利用效率。比如，充分发挥示范区理事会的重要决策平台作用，制定示范区生态协同治理权责分配、利益协调的相关政策。又如，在考核、晋升选拔时，可以把执委会年度重点工作内容纳入绩效考核体系，并赋予执委会参与考评权。对推进长三角一体化发展的相关事项，执委会与两省一市政府办公厅建立对相关部门的协同督办机制。可授权执委会商调人员、组建临时性跨省域、跨条线的专项"协调小组"，

为促进跨省域、跨领域改革系统联动，重点攻关堵点难点。

（二）普及协同治理理念，解决内外合作问题

完善示范区协同治理宣传机制，吸引更多的企业群体、社会群体加入协同治理过程中。畅通纵向执委会及青吴嘉三地政府沟通协调、建言献策渠道，为各地表达利益诉求、争取发展机会提供有效载体。重视解决跨领域、深层次协同问题，构建全过程闭环体系，深化生态联保共治的治理协作机制，快速优化跨省级行政主体、多层级行政主体之间的协调机制。

（三）强化项目主体责任，保障制度应用效率

示范区执委会聚焦互联互通和生态环保领域，制定了多项制度创新文件，用以指导跨区域重大项目建设。两区一县在推进跨区域重大项目过程中成立了互联互通、生态环保等专项推进小组，但受限于跨省级行政区、没有行政隶属关系、涉及多个平行行政主体的框架下，制度创新文件的先进经验做法在多个项目应用过程中仍需要以执委会牵头，经过多级别、多层次协调后方可实施，制度创新成果应用效率就打了折扣。建议两区一县进一步落实重大项目推进的主体责任，加大制度创新文件在项目操作层面推广应用，加快重大项目的建设进度。同时，会同执委会探索总结项目推进过程中的成功经验，以标准、制度等形式进行固化，并进行持续更新完善。

（四）扩大社会有序参与，完善协同治理结构

政府一元主体主导的生态协同治理模式缺乏可持续性，政府—市场

二元主体模式缺乏稳定性，各自都有缺点。因此，须构建政府、市场、社会等多元参与的生态协同治理制度，通过各主体的协同治理，明确角色定位，重构协同关系，形成示范区生态协同治理的良性循环；针对治理内容和范围全面性要求，强化大气污染协同治理，加快统一重点行业废气排放标准，建立固废污染协同治理机制。

一是融会多元治理主体。示范区要进一步融合政府、企业、社会等多元子系统，更好地发挥协同治理的效果。三地政府要充当引导、监督、保障的治理角色，企业要充当环境保护的主要责任人，提升环保责任感，社会公众要提升环境保护的主人翁意识，提升参与治理积极性。

二是形成有机配合结构。示范区各治理主体建立相互协作、相互制约的合作关系，如政府要转变"命令者"的身份，以创新形式吸纳企业参与到生态治理过程中。政府还要转变"控制者"的身份，弱化社会公众的依赖意识。搭建社会公众参与平台，激发参与环境治理的积极性和责任心，并起到对政府、企业的监督作用。

三是编织质效叠加网络。示范区三地在协同治理过程中处理好各治理主体之间的关系，如与企业签订环境合作协议，建立政企间的跨域合作关系，在平等自愿基础上，激发企业参与环境治理的动力和责任感。①

① 通过公私合营（PPP）、建设—经营—移交（BOT）等模式将企业纳入污染治理的承担主体，发挥市场主体在资源配置中的决定性作用。同时，协助运用环保约谈、法律监管等手段，严惩企业排污等环境破坏行为，引导企业从环境污染者向环境保护者的身份转化。

四是顶层设计上下游政府间生态补偿制度。建立青浦、吴江、嘉善三地横向拨付方式，科学界定生态补偿的主客体关系、生态补偿的内容及补偿标准，引入第三方生态补偿评估机构，保障生态补偿得以顺利执行和落实。①

四、用制度效能提升社会参与热情

（一）深化基础标准和工作制度跨省衔接，提升"跨省无感"体验

在更多领域实现两省一市相关标准"统一立项、统一编制、统一审查、统一发布"。加快推进数据标准统一，如基础目录、统计口径、数据来源、数据加工、发布路径、管控要求、数据平台建设与对接等标准统一，深化共性工作制度和工作标准衔接。在不动产登记等需要跨部门衔接的工作中，实现多部门工作制度、工作标准跨省衔接和信息互通。针对财税分享等工作跨省域衔接中"疑难杂症"，建议商请国家相关部门派员指导。

（二）进一步释放制度创新成果效应，加大推进实施力度

两省一市牵头部门、示范区执委会、两区一县政府加大既有制度创新成果的实施力度，在土地、资金、人力等要素角度给予更多便利，保障已经出台的制度成果更好落地生根。由两省一市成立省级层面工作推

---

① 目前，"三统一"制度建设进度慢，主要原因在于三地之间对于统一的标准存在异议，源头在于各自认为利益分配不均，尤其是处在上游的吴江需要牺牲产业发展机会，企业需要付出更多环境保护成本，因此，在统一标准的生态底线遵守方面存在偏差。可引入除沪苏浙省市六大评估主体外具有中立性质的第三方评估机构，对区域交接断面水质等进行监测，提出生态补偿意见，降低管理障碍，提升各主体间的认可度。

进小组，结合更为详尽的工作考核指标体系，对制度推进情况进行定期考核，通过考核和督导，推进制度创新成果更好实施和释放效应。

（三）加强与周边区域的协调联动，放大示范区的服务辐射和引领带动效应

建议国家和两省一市相关部门，以示范区和昆山市共保联治环淀山湖生态环境为切入点，为示范区与周边区域的协调发展探新路、创新制。在相关规划衔接、项目对接过程中，识别示范区和周边区域协调的障碍所在，针对性地创设执委会对周边区域行使"充分协调权"的议程和机制。支持示范区与长三角更多重点区域联动，包括与虹桥商务区、自贸试验区临港新片区、苏州与嘉兴全域及沪苏浙皖交界区一地六县等联动，放大示范区服务辐射和引领带动效应。

第三节 几项具体制度的创新和完善建议

一、完善"三统一"制度落实机制

在宏观上争取法律支撑，出台一体化的强制性生态环境标准、赋权执法人员跨省域执法和证据采集、加大环保科技创新支撑的同时，在微观上完善相应的制度机制。

（一）深化落实淀山湖湖长协作机制

目前，淀山湖、元荡总氮含量仍偏高，入湖河流总氮含量没有得到有效控制。要持续深化落实淀山湖湖长协作机制，推进淀山湖地区控源截污，加强入湖河流和湖体水质的统筹治理。

（二）完善设施长效运行管理机制

要加强城镇污水集中收集率和处理率的研究核算，强化废水排放量、主要水污染物排放通量数据的监测以及农业面源和农村生活源监测和测算。

（三）完善联合执法和信息管理工作

深化"联合河长制"，三地联合制定跨界河湖治理的年度目标，统一跨界水体的治理目标及养护标准；完善数据共享和管理平台，形成跨界水体水环境管理信息的共享共用；建立对各项联保工作的跟踪机制，加强跟踪调度，确保生态协同治理的各项工作落实到位。在此基础上，进一步明确执法协作区域的范围及规则，让执法人员证件统一增加示范区标识；加强数据资料标准统一和科学管理，实行数据管理的数字化、规范化和专人化；完善太湖流域水环境综合治理信息共享机制，促进跨区域、跨部门信息协同共享，进一步拓展应用范围和应用深度。

二、完善环评工作机制

（一）完善改革配套机制

进一步明晰各方污染防治责任边界，落实各方污染防治义务，采取有效监督管理方式，细化"绿岛"环境治理项目、小微企业"打捆环评"审批模式，确保治理设施长期稳定运行。

（二）充实"宽进严管"方式

环评改革实施后，传统的"严进轻管"逐步变为"宽进严管"，要对"宽进"本身作追溯性责任规定，对于事后发现未能严格遵守承诺项目、批建不符的，除严格要求企业整改外，还要追究其失信法律责任。

（三）做好制度衔接融合

目前排污许可依托国家系统申报管理，环评审批依托各地"一网通办"系统管理。要打破环评审批系统与排污许可核发系统的壁垒，真正实现"一套材料、一表申请、一口受理、同步审批、一次办结"，推动排污许可事项在不同地域无差别受理、同标准办理。加强环评制度与总量控制、"三线一单"、碳排放管理等制度的衔接融合，加大环评制度执行考核力度，推动其在示范区内全面落实。

三、完善存量土地盘活政策

（一）法律政策方面

两省一市三级八方自然资源部门陆续出台存量土地盘活相关政策，对盘活存量土地工作提供制度保障。随着存量盘活项目或案例的不断增加，盘活方式已不限于收储后再出让，租赁、先租后让等供应方式，联营、作价入股等自主更新模式以及再转入等盘活方式也越来越多，同时新产业、新业态不断涌现，用地需求和管理需要也已超越了现有制度范围，如土地混合利用和功能复合、地下空间资源合理开发等需求，以及收储成本、用途认定、供地年期、价款缴纳等方面诉求，亟待政策创新。

（二）收益平衡方面

两省一市三级八方自然资源部门对激发土地权利人开展低效用地再开发积极性等方面已有不少的机制和举措。但从地方政府的角度看，城镇低效用地再开发难度高、风险大、收益低，补偿安置、评估协商、土地平整、纠纷调处等投入较大。从土地使用权人角度看，持有低效用地没有经济压力。当前，我国土地使用权在取得、转让环节的价款、税费较高，但在持有环节经济负担较低。城镇土地使用税作为土地持有环节的税种，税率偏低且征管不严。同时，土地使用权到期续期费用、逾期处置等执行不严格。这些因素，使得低效用地的使用权人持有土地没有经济上的压力，对再开发也就没有了紧迫感，需要建立相应约束机制。

（三）管理机制方面

存量土地盘活相关做法主要聚焦土地供应审批环节，从目前自然资源要素配置要求来看，缺少供应前与国土空间规划以及审批后实施管理要求、运营管理要求的衔接。同时从深化审批制度改革，优化营商环境出发，越来越多审批环节采用承诺制办理，对供后监管提出更高要求。要在健全政策顶层设计，释放存量盘活政策红利；多环节加强盘活激励措施，完善利益分配机制，降低盘活项目用地成本；拓展供地管理内涵，实施全生命周期管理等三方面进一步深化。

四、创新新发展理念制度落实机制

示范区生态协同治理的过程是生态保护的过程，更是推动生态优势转化为经济社会发展优势的过程，针对一体化示范区目前生态价值转化率低、普及范围不够广等问题，需要着力完善如下机制。

（一）建立生态价值转化机制，促进生态和经济协调发展

1. 构建生态价值转化机制

可先实施生态系统生产总值（GEP）登记核算，将 GEP 总量变化情况纳入高质量发展考核体系，在先行启动区探索并逐步建立起适合示

范区全域的 GDP 和 GEP 双核算、双评估、双考核机制。要更加科学地衡量示范区的生态价值和生态优势，构建一套具有"湖泊特色"和"跨区域特征"的指标体系。通过建立双考核体系来推动示范区构建"生态＋产业"和"生态＋信用"模式，打造环湖经济一体化格局，开展碳汇交易试点工作等，进一步增强示范区生态环境治理水平和生态产品价值转化能力，加快推动一体化示范区将生态优势转化为经济发展优势。

2. 建立标准统一的考核制度

针对各地生态治理标准未统一、生态协同治理质效低下的问题，应及时改变多条线、分割化、碎片化的考核现状，从生态协同治理的整体性出发，协调各地各部门治水标准，建立标准统一的考核制度，提升跨区域治理的协同性。

一要调整三地环境治理考核标准，由省级层面牵头，对接青浦、吴江、嘉善"三线一单"编制工作。如加快建立统一的饮用水源保护和主要水体生态管控制度，共同构建生态空间、生态环境和绿色发展新格局。

二要整合环境治理部门的考核内容。如流域管理涉及上下游不同区域管辖外，还涉及水资源、水环境、水生态不同条线的管理部门，利益相关部门多、治理涉及环节多（目前一体化示范区水环境的治理就涉及环保部门、水利部门、建设部门、交通部门、船政部门及水务等），容易出现重复考核和交叉考核情况。因此，需由示范区执委会牵头梳理青浦、吴江、嘉善三地各部门条线的考核内容，系统整合、简化统一，减少考核压力，提升考核质效。

三要加快落实"三统一"制度。由示范区执委会统一部署协调，加快建立统一的饮用水源保护和主要水体生态管控制度，构建生态空间、生态环境和绿色发展新格局。通过落实"三统一"制度，确保示范区三地执行最严格的污染物排放标准。加快建立统一考核体系，探索建立区域生态基金，对水环境治理实行生态奖惩机制。

3. 优化生态价值转化的政策环境

加大科技创新和绿色发展投入采用"政府引导，市场运作""院校合作"或"公私合营"等模式来集聚一批创新资源。同时严格监管执法，保持环境执法高压态势，解决基层执法的共性问题，开展专项执法、集中整治历史遗留问题、从严处理环保违法行为，为生态产品价值转化提供良好环境，带动能源和产业结构转型，实现重点行业和领域的绿色循环发展，营造绿色低碳生活新风尚。

（二）构建区域协同创新体系，增强创新资源聚集力

坚持以市场为导向整合创新资源，优化跨区域"研发—孵化—产业化"的功能布局，打造政产学研金融合一体的创新生态新典范。目前，示范区内的高等院校和研究机构规模难以满足未来科技创新和产业培育的潜在需求。可考虑组建一批由龙头企业、高校科研院所等共同参与的联合实验室。在示范区高校院所周边，积极布局相关的孵化器，研究制定促进高校院所和孵化器深度合作的支持政策。在条件成熟时，可以考虑向国家有关部委申请成立国家级高新区。

（三）发挥数字经济普惠作用，推进城乡区域协调发展

针对两区一县特点，编制数字经济发展规划，加快布局数字经济基础设施，建设一批高水平数字化服务平台，助力乡村治理数字化、农村产业智能化、村民生活智慧化。此外，还可以探索在示范区设立长三角数据交易所，充分发挥阿里巴巴长三角智能计算基地、优刻得数据中心等的磁场效应，吸引长三角数商集聚发展，打造一批以数字经济为主导产业的"产业飞地"和"科创飞地"，探索数字化技术在乡村场景的应用。

（四）试点商事主体登记确认制，加速创新效果的释放

推进商事主体登记确认制改革是优化营商环境、创新市场监管、方便要素流动、加快转变政府职能的重要内容，也是推进市场主体登记标准化、规范化、便利化的重要体现。示范区应积极探索建立以自主申报、自愿登记为核心，以形式审查、信息化查验和标准化登记为手段，以便利化退出机制为补充，以事前事中事后信用监管为保障的商事登记确认制工作模式，进一步厘清登记机关和商事主体权责边界，尊重并保护商事主体自主经营权和投资者意愿，淡化商事登记的行政许可属性，从而持续优化营商环境，培育壮大市场主体，激发市场活力和社会创造力，加速示范区一体化制度创新效应的释放。

五、关于专设示范区生态绿色一体化发展管理局的建议

跨域生态环境治理是一项复杂的系统工程，涉及上下游、左右岸、不同行政区域和行业，因此需要权责匹配的管理机构。示范区理事会及

其下属的执委会，主要是各方议事机构，缺乏跨区域生态环境所必要的精深专业性和果断执行力。① 建议设立一个超越原有地方行政框架的独立性、综合性、专业性和权威性的生态环境管理机构。它不是遇事协商的机构，而是单项管理的行政机构。它不是执委会环保组的权力拓展，也不是各区县环保机构的力量叠加。它对示范区组委会负责并报告工作，但在授权范围内可以独立开展工作。

该机构是示范区内（最好包括昆山在内）统筹环境保护和绿色发展领域的行政机关，是三地单项行政权力的突破。它更有利于示范区主体功能发挥，但并不从根本上破坏三地行政机构的完整性。它的职权应包括：示范区生态环境保护制度制订及执行监督；示范区生态建设工程规划和实施监督；示范区生态执法力量的统御性配置；示范区生态安全防护和环境危机事件应急处置；生态环境理论基础研究和应用研究；开展生态环境保护和绿色发展方面的区域合作或国际合作；生态环境保护的公民教育与专业队伍集训；生态环境保护组织管理等。凭借这一机构，

---

① 当前，示范区生态环境"一张网"建设还有待完善。监测点位服务于"两区一县"各自行政区，均有完善的地表水监测网络，点位布置以掌握各自区域水环境质量及污染情况为主。监测指标、频次、方法、水质数据污染源统计均不尽相同，不利于"两区一县"重点水体监测"一张网"建设。淀山湖等重要水体水质仍未达标。虽然淀山湖的碳氮磷营养盐浓度整体呈现下降趋势，但示范区范围内陆域污染源的排放总量仍远高于淀山湖湖区范围内的污染负荷，足以支撑淀山湖水体形成富营养化及蓝藻"水华"暴发。太浦河锑超标风险依然存在。太浦河流域的锑污染物主要来自聚酯合成、织造和印染3个行业，纺织染整行业占比58%，主要集中在太浦河沿岸周边，支流污染物的汇入是干流水质沿程变差的原因之一。从整体趋势看，太浦河常规水质污染风险逐步降低，但从特定项目污染特征来看，太浦河干流仍然存在锑浓度超标风险。

可以深入实施流域跨界水体联合治理；建立健全完善的利益协调机制，以便协调处理存在于各地区和部门间的错综复杂的利益关系，提升应对环境风险的综合水平；建立统一的重点区域环境风险应急管理平台，提高环境突发事件处理能力和重大活动保障能力；研究建立跨流域生态补偿、污染赔偿标准和水质考核体系；加强一流专业技术和科研人才引入与培育，探索建立示范区联合院士工作站等科研示范基地；开展世界级湖区发展与保护制度研究①；开展国内国际环境保护和绿色发展方面的交流与合作。当然，增设这样的机构牵涉面很广，如何设置还需要进一步研究。

---

① 特别是针对近年来长三角区域臭氧问题、太湖流域蓝藻水华问题、生物多样性等前瞻性重点问题开展研究，形成世界级湖区建设思路和建议。

结　论

建设示范区是实施长三角一体化发展国家战略的先手棋和突破口。三年多来，示范区以坚韧不拔的勇气积极探索破题开局之路，制度创新度、项目显示度、民生感受度显著提升。面对改革创新进入深水区和攻坚期的形势任务，深入学习贯彻党的二十大精神和习近平总书记在全国生态环境保护大会上重要讲话精神，要求我们站在更高的起点上、以更大的决心和更高的智慧推进示范区制度创新，不断提升示范区服务国家战略的承载力、创造力和影响力。

一、充分利用示范区制度创新成果与宝贵经验

示范区自 2019 年 10 月成立以来，高标准、高质量完成了预期建设任务，制度创新取得一系列重大成果和成效，在制度创新过程中积累了许多宝贵经验。

（一）成果成效

第一，基本形成一体化发展的制度体系框架，示范区从三省市交界的"地区边缘"跃升为我国探索区域协调发展的"改革前沿"。

示范区聚焦区域一体化发展迫切需要突破的基础性制度和关键性领

域，坚持问题导向，注重系统集成。在规划管理、生态保护、公共服务等十个领域，初步形成体系化、全链条、规范化的管理制度和工作机制。88项新制度基本是我国省际毗邻区域推进一体化发展的首创。坚持可操作、可落实、可监督、可评估，着力破解制约区域协调发展、长期想解决又未能解决的一系列体制机制瓶颈。

第二，率先探索一体化优势转化为经济高质量发展优势的新模式，示范区建设成为推动长三角一体化发展的新引擎。

示范区坚持制度创新和项目建设"双轮驱动"，加快构筑以创新为主要动力、以绿色生态为鲜明特质的一体化经济体系，经济效益日趋凸显。经济规模实现新跨越，增幅明显高于周边地区；项目建设取得新成效；科技创新跃上新能级。华为、英诺赛科、复旦大学创新学院、浙江大学智慧绿洲等一批头部企业和科研机构进驻示范区。

第三，探索构建生态友好型发展新模式，绿色生态成为示范区越来越浓厚的亮丽底色。

初步形成跨区域共同促进绿色发展、共同维护生态环境的制度框架和政策体系，生态环境持续改善，生态效益持续扩大。空气质量明显提升。水环境质量大幅提高。重点跨界水体沿岸绿色生态廊道基本打通，太浦河22公里生态绿廊先导段全面建成，进一步夯实了区域发展的生态底色和生态优势。

第四，初步建立跨区域、多层次、高品质的公共服务网络，示范区建设探索形成跨省域共同富裕的新路径。

示范区探索建立共建共享的公共服务体系，公共服务跨区域共享水平和便捷度大幅提升。共建共享公共服务项目清单不断完善。率先实现医保一卡通 2.0 版，85 家医保定点医疗机构接入门急诊联网结算系统。"跨省通办"业务稳步推进。跨省域公交联运持续优化，完成长途票到公交票的票价调整。

第五，形成一大批可复制可推广的一体化新制度，示范区作为一体化制度试验田的示范引领效应不断放大。

先后两批 38 项制度创新成果对外复制推广，第三批复制推广清单正在制订中。这些创新成果为长三角一体化高质量发展示范探路，有些还在全国其他区域得到较广泛的复制推广。如北京通州与河北"北三县"、粤港澳地区珠江口借鉴"理事会＋执委会"跨省域管理模式，成渝双城经济圈借鉴生态环境联保共治、人才互认共享、公共服务一体化等机制等。

（二）主要经验

第一，坚持依法立制、制度推动。

两省一市人大授权执委会先行启动区控详规划审批权，先行启动区 660 平方千米的控详规划均需在示范区统一审批，实现执委会在规划跨域审批领域的法定约束。共建生态环境共保联治体系，统一监测、预报、执法、审批等工作和技术标准，推动跨界生态环境综合治理、重点水体保护依规进行。制定示范区先行启动区规划建设导则，明确 30 项约束性指标，成为跨省域管理部门建设实施必须遵循的行动指南。制定示范区产业项目准入标准和产业发展指导目录，对产业发展方向和准入门槛设定标准。形成多领域一体化发展制度，促进区域合作向"硬约束"转变。

第二，坚持"双轮驱动"、相互辉映。

坚持制度创新和项目建设"双轮驱动"。制度创新是项目建设的动力，项目建设是制度创新的载体。制度创新为项目建设提供制度保障和支撑，项目建设为制度创新提供最为生动的应用场景和实践案例。两者相互促进、相辅相成，共同推动制度创新向纵深发展。

第三，坚持重点突破、有序推进。

重点突破指在统筹谋划、顶层设计指导下，针对示范区发展的重点区域、重点领域、重点问题、重点需求等集中攻关，破解区域一体化发展的难点和堵点，形成典型案例和成功经验，通过重点、局部突破带动示范区整体制度创新。①

第四，坚持数字赋能、提升效能。

示范区通过建立跨省域公共数据资源共享平台，提升跨省域数据信息互联共享程度，支撑形成数据驱动一体化制度创新、治理能力现代化的工作样板。②

---

① 如，以存量土地全域盘活、跨省域建设用地机动指标统筹使用为切入点，探索建设用地指标跨省域统筹使用机制。以长三角大平台建设为支撑，推动税收征管体系加快建设。以信息归集标准统一、信用报告标准统一为先导，推动跨省域共享的公共信用管理机制创新。

② 以两区一县政务数据互联互通、"智慧大脑"建设为载体，强化数据一体化发展根基，搭建示范区一体化制度创新"数字底座"。推动数字产业化和产业数字化，培育数字经济新技术、新业态和新模式，打造数字化转型发展先行区。以"跨省通办""一网通办""互联网医院""电子税务局"等为重点依托，不断丰富大数据在经济领域和居民生活领域的应用场景，提升示范区居民对一体化的认可度，激发示范区一体化制度创新的生命力。

第五，坚持上下协同、部门联动。

坚持多层级政府协同合作，充分发挥中央和地方各级政府的积极性、主动性、创造性，推进示范区工作落地实施。通过体制机制创新，实现"业界共治、机构法定、市场运作"。业界共治是相关政府部门、理事会、社会组织、市场力量等多元主体积极协商，达成共识。机构法定是两省一市人大及政府对理事会、执委会等机构充分授权，明确其法定职能、行政权限。市场运作是两省一市共同遴选有丰富开发经验的市场化主体，共同出资成立示范区发展公司，负责基础性开发、重大设施建设和功能塑造等。

（三）重要启示

第一，坚持把制度创新作为根本动力。

示范区深刻领会党中央战略意图，勇担一体化制度创新的重要使命，积极发扬首创精神，大胆试、大胆闯、自主改，破除区域壁垒和行政分割，成为一体化制度创新的重要策源地。

第二，坚持把生态环境保护摆在优先位置。

示范区没有以牺牲环境为代价换取一时一地的经济增长，也没有走集中连片开发的老路子，而是坚持生态优先、绿色发展，在一片湖光山色、水乡文脉中植入创新功能，实现了更有活力、更可持续的高质量发展。

第三，坚持把凝聚各方合力作为重要支撑。

示范区建立理事会、执委会的工作机制，组建了示范者开发者联盟，探索形成了"业界共治、机构法定、市场运作"的新型治理模式，让"看得见的手"和"看不见的手"协同发力，三级八方多个行政主体和众多市场主体形成工作一盘棋。

二、倾情打造社会主义生态文明最佳实践区

示范区建设取得一系列开创性、标志性、实践性的制度创新成果，充分证明党中央关于设立示范区的决策部署是完全正确的。要因势利导，加强社会主义生态文明理论研究和示范区生态绿色一体化发展实践研究，站在理论和实践的结合点上讲好示范区实践故事、鲜活案例和生动场景，大力宣传习近平新时代中国特色社会主义思想，深度诠释习近平生态文明思想的情怀、智慧、温度和要求。

（一）打造"人与自然和谐共生"的生态宜居样本，更好涵育生态文明"共生论"的情怀

"万物各得其和以生，各得其养以成。"（《荀子·天论》）在习近平生态文明思想指导下，示范区在现代化过程中更加注重生态伦理和自然关怀，坚持像保护眼睛一样保护生态环境，像对待生命一样对待生态环境，绘就万物和谐共生的美丽画卷。通过高质量做好生态环境领域改革工作，高标准落实节约优先、保护优先、自然恢复为主的方针，使生态环境状况根本好转。更新改造后的元荡青浦段"醉美郊野湾"碧波荡漾、花草繁盛，与吴江段"智慧门户湾"串联成画，实现了不同工程间的有机融合。沿线景观和水环境都得到了极大改善，给市民提供了亲水赏水的公共滨水空间。嘉善持续实施污染源治理、河道生态修复、野生动植物栖息地保护等工程，近年来生物种类明显增多，不少候鸟变"留

鸟"，被称为生态绿色"指标"的萤火虫也回归造访，回归的付氏萤是重要的生态环境质量指示物种，适宜生活的水质通常不低于Ⅲ类，还需要满足充足的食物源、躲避天敌的庇护所、幼虫化蛹越冬场所、雌雄虫婚飞等要求，对栖息地的生态环境要求极高，它们的回归就是环境优质的等级证书。

（二）探索"绿水青山转化为金山银山"的绿色发展样板，更好彰显生态文明"两山论"的智慧

"我们既要绿水青山，也要金山银山。宁要绿水青山，不要金山银山，而且绿水青山就是金山银山。"习近平总书记提出的"两山"理论，辩证阐明了生态环境与经济发展的内在联系，深刻揭示了保护生态环境就是保护生产力、改善生态环境就是发展生产力的道理。示范区坚持绿色发展观，全面协同推进经济高质量发展与生态环境高水平保护，推动生态优势转化为经济社会发展的持久优势，真正让经济发展和环境保护从"两难"走向"双赢"。青吴嘉三地联创"两山"实践创新基地，做好"三地融合"文章，探索"两山"转化路径。青浦把生态文明建设与产业升级相结合，深入实施创新驱动战略，主动承接进博溢出效应，以数字干线、氢能产业、华为科技为代表的新产业、新业态、新项目纷纷落地，进一步增强了生态绿色发展底气。吴江统筹做好治污、添绿、留白三篇文章，全面实施美丽生态湖泊群、美丽乡村群、大运河文化带建设，在"有风景的地方"嵌入"新经济"。嘉善则围绕国家全域旅游示范区创建，不断显现"产业、文化、旅游、社区"相互叠加的功能，推进美丽乡村向美丽经济转化。三地把生态环境优势看作区域经济发展优势，把特色资源、生态资源转化为市场优势、产业优势、品牌优势和经济优势，激发绿色经济的发展动力，呈现出绿水青山就是金山银山的现实模样。

（三）打造"环境是最普惠民生福祉"的生态民生典范，更好感知生态文明"民祉论"的温度

"治国之道，以民为本。"习近平总书记指出，"良好生态环境是最公平的公共产品，是最普惠的民生福祉"；"环境就是民生，青山就是美丽，蓝天也是幸福"。不断满足人民群众日益增长的优美生态环境需要是习近平生态文明思想的最鲜明特征，也是生态文明建设各项工作的根本出发点。示范区深刻领悟习近平生态文明思想蕴含的人民情怀，体察"民心之痛"，关切"民生之患"，着力解决与人民群众生产生活息息相关的突出环境问题，在重点区域、重点领域和关键指标上寻求新突破，在生态惠民、生态利民、生态为民上主动担当作为，重点推进一批绿化提升、生态治理、生态特色风貌重大工程，全力彰显江南水乡风貌，全方位全过程满足人民群众日益增长的生态产品需求。青浦环城水系公园还岸于民，继而在此基础上叠加绿化景观、休闲设施、公共配套等内容，让百姓"靠得近水、走得近绿，留得住乡愁"。吴江为实现老百姓"拥抱"太湖之梦，不惜将寸土寸金的湖岸线纵深几百米做成了开放式公共生态产品。嘉善实行"五水共治""五气共治""五废共治"协同推进，"蓝天白云"工程、"江河湖草"工程、"山水美丽"工程协同联动，全面打赢蓝天、碧水、净土保卫战，达到生产、生活、生态"三生融合"目标。

（四）建构"山水林田湖草系统治理"的协同共治标杆，更好落实生态文明"系统论"的要求

习近平总书记指出："山水林田湖草是一个生命共同体。"生态环境具有公共性和跨区域特征，生态环境保护需要整体性思维。示范区牢固树立生态环境保护的大局观和长远观，坚持系统治理、全域统筹，坚持整体施策、多策并举，统筹考虑自然生态各要素、山上山下、地表地下以及流域上下游、左右岸，进行整体保护、宏观管控、综合治理，切实增强生态系统循环能力，维持生态平衡，维护生态功能，达到系统治理的最佳效果。示范区坚持以制度建设推动一体化，促进区域合作从"软约束"走向"硬约束"，协同构建生态环境标准、监测、执法"三统一"制度，做到以"一套标准"规范生态环境保护，以"一张网"推进生态环境监测，以"一把尺"实现生态环境有效监管。三地以行政、技术、法律、大数据等多手段解决生态问题，全方位、全地域、全过程开展生态文明建设，共同筑牢长三角绿色生态屏障，开创了一体化生态环境治理的新格局。

"生态兴则文明兴，生态衰则文明衰。"把示范区打造成社会主义生态文明最佳实践区，必将有力推动美丽中国地方实践，彰显中国式现代化的制度优势，展示习近平新时代中国特色社会主义思想的科学性、真理性、人民性和实践性。

三、奋力谱写示范区改革创新和现代化建设新篇章

面对新时期国际形势复杂多变，国内经济社会转型发展压力增大，示范区改革攻坚进一步走向深水区，因此也面临一系列困难与挑战。走在"新时代赶考路"上，示范区要以更大力度实现新的跨越。要更加深入地把握国际国内发展大势，更加自觉地贯彻新发展理念，更加主动地增强系统观念和问题意识，更加深刻地建构利益驱动模式推进改革破题和建章立制。

一是在突围和支撑上下功夫。与前三年比较，在规划对接、规则衔接、标准统一等方面都已有明显进展了，接下来都是难啃的"硬骨头"。《规划纲要》里的财税分享和土地管理，这两个领域都涉及上级，也涉及两区一县利益，因而都是很难的，但要试水，要突破。要持续聚焦一体化制度创新、重大项目建设、体制机制保障和前瞻性重大问题谋划，进一步提高制度的系统设计能力，加快形成更多富有含金量、具有复制推广价值的制度成果，更好示范引领长三角一体化高质量发展。

二是在建立统一的大市场上下功夫。高质量发展越来越需要打破行政的垄断。一体化的本质就是要实现资源要素无障碍的自由流动和全方位的开放合作。示范区要在统一的管理体制下，从优化营商环境等方面入手，以供应链体系、标准体系、综合执法体系建设为重点，实现规则对接，进一步消除市场壁垒和体制机制障碍，在更大范围更深层次上促进区域要素自由流动和资源整合。

三是在践行"绿水青山就是金山银山"理念上下功夫。示范区不仅

要生态保护，更要绿色发展。因此，必须深入推进关于绿色发展的观念创新、制度创新、机制创新和技术创新，在绿水青山转化为金山银山上见成效，两者互为支撑，相互辉映。

四是在制度创新经验的推广实践上下功夫。要把示范区建设好、治理好、发展好，让人看了能信服、愿效仿。同时，要把示范区故事讲生动、道理讲明白，更加方便人们学习借鉴或复制推广相关制度与经验。

后 记

　　本书是上海市社会科学规划委托课题"研究阐释党的二十大精神"专项——中国式现代化的生态文明发展之路：长三角一体化示范区生态治理现代化实践研究——基础上完成的。这是一本集体劳作和智慧的结晶，上海市青浦区委党校高淑桂和李飞虎、江苏省吴江区委党校王冬、浙江省嘉善县委党校沈洁共同参与了课题研究，分别参加第四章、第七章、第六章、第八章的撰写工作。

　　感谢上海市委宣传部和上海市哲学社会科学规划办对课题组的信任。感谢青吴嘉三地党校领导对课题研究的支持。感谢李琪教授的全方位、全流程指导并欣然为本书作序。感谢示范区执委会和青吴嘉三地的区域办、生态治理办、环保、水务、文旅和检察机关等单位为研究提供的便利。感谢上海人民出版社责编老师的精心指导和服务。感谢青浦党校雍爱霞老师在研究过程中给予的帮助。

　　身处示范区这片热土，伴随示范区伟大实践，我们有责任投入更多的注意力和才智研究示范区，用更深、更细、更有前瞻性和操作性的研究助力写好示范区建设这篇大文章。从发展的眼光看，目前取得的成果显然是初步的，我们将紧贴示范区的生动实践，进一步开拓理论视野，深入调查研究，作出示范区党校应有的学术贡献。

作者

2023 年 8 月

图书在版编目(CIP)数据

先手棋:长三角一体化发展示范区的探索实践/鲁
家峰著.—上海:上海人民出版社,2023
ISBN 978-7-208-18593-7

Ⅰ.①先…　Ⅱ.①鲁…　Ⅲ.①长江三角洲-区域经济
发展-研究　Ⅳ.①F127.5

中国国家版本馆 CIP 数据核字(2023)第 194212 号

责任编辑　王　吟
封面设计　汪　昊

先手棋:长三角一体化发展示范区的探索实践
鲁家峰　著

出　　版　上海人民出版社
　　　　　(201101　上海市闵行区号景路 159 弄 C 座)
发　　行　上海人民出版社发行中心
印　　刷　上海新华印刷有限公司
开　　本　787×1092　1/16
印　　张　17
插　　页　2
字　　数　170,000
版　　次　2023 年 11 月第 1 版
印　　次　2023 年 11 月第 1 次印刷
ISBN 978-7-208-18593-7/D·4216
定　　价　75.00 元